Musadir Basak

Mein Leben mit dem Migrationsvordergrund

Aus der Sicht eines erfolgreich Integrierten

Musadir Basak

Mein Leben mit dem Migrationsvordergrund

Aus der Sicht eines erfolgreich Integrierten

Rediroma-Verlag

Bibliografische Information der Deutschen Nationalbibliothek:
Die Deutsche Nationalbibliothek verzeichnet diese Publikation in der Deutschen Nationalbibliografie; detaillierte bibliografische Daten sind im Internet über http://portal.dnb.de abrufbar.

ISBN 978-3-98885-176-5

2. Auflage 2024
Umschlaggestaltung: Musadir Basak
Übersetzung: Musadir Basak

www.rediroma-verlag.de
19,95 Euro (D)

BASAK SPORTMANAGEMENT®

MUSADIR BASAK®

Printed in Germany

Inhaltsverzeichnis

Zu meiner Person

Geburtsort: Khanik, Mardin-Nusaybin (Türkei)

Religion: Yezide, Ezidi, Jesidi

Familienstand: Verheiratet, zwei Kinder

Beruflicher Werdegang:

- Unternehmer AXA Agentur Musadir Basak und Sportmanagement Basak
- Sachbearbeiter. Landkreis Marburg- Biedenkopf, Service und front Office, Kreisliegenschaften und Zentrale

- Soziale Fachkraft Diakonisches Werk Wittgenstein, Jugendhilfeeinrichtung für unbegleitete, minderjährige Ausländer
- Kundendienst AXA Konzern AG: Niederlassung Frankfurt 2006 – 2014
- Projektleitungen AXA Konzern AG: Scope and Change Agent; Mitarbeiter Engagement Betreuer 2006 – 2014 für Mannheim und Frankfurt für ca. 80 Mitarbeiter und 4 Führungskräfte

Weitere Praktika und Jobs:

- Finanzamt Biedenkopf
- Kita Regenbogen, Biedenkopf
- Großkundenbetreuer Karl Bachl GmbH, Biedenkopf
- Getränkeindustrie (Kommission, Service, Zeltaufbau)
- Industriereinigung
- Bistro-Service

Ehrenamt:

Vorstandsvorsitzender: Förderverein Freibad Wallau/Lahn e.V., 2013 – 2018

Vorsitz: Integrationskommison der Stadt Biedenkopf seit 2022

Jugendfussballtrainer und Stellvertrender Jugendleiter beim FV Wallau Lahn 1913 e.V.

Dolmetschertätigkeiten: Deutsch, Kurdisch, Türkisch, Englisch für Polizei, für Gerichte und soziale Einrichtungen

Sprachkenntnisse: Deutsch, Englisch, Kurdisch und Türkisch (Grundkenntnisse in Arabisch, Persisch)

Hobbies: Familie, Beruf, soziales Engagement, Sportmanagement, Wirtschaftspolitik, Garten, Fotografie, Schreiben, Fußball, Joggen, Radfahren, Web-Design

Lebensweisheiten:
"Wo andere aufhören, fange ich erst an"
"Don´t stop what you can finish"
“Wenn du nicht in der Lage bist etwas Gutes zu tun, dann tu auch nichts Böses”

Mehr Infos zu mir

Homepage:
www.musadirbasak.de
Facebook: Musadir Basak
Instagram: Musadir Basak
X: Musadir Basak
Yotube Channel: Musadir Basak

Kurzvorstellung und Intention meines Buches

MUSADIR BASAK, Mein Leben mit dem Migrationsvordergrund

Ich wurde 1981/1982 in Khanik, einem kleinen Dorf in der Nähe von Nusaybin an der Grenze zu Syrien geboren. Das Leben im Südosten der Türkei, speziell im Gebiet Tur Abdin (das Gebiet der orthodoxen Christen), gestaltete sich für ethnische Minderheiten, wie den Eziden, zu denen ich gehöre, nicht immer leicht. Erfahrungen von politischer und religiöser Verfolgung und Unterdrückung gehörten zum Alltag meiner Kindheit. Aufgrund der Kämpfe zwischen der PKK und den Türken sahen sich meine Eltern und die zehn Geschwister im Jahre 1988 zur Flucht nach Deutschland gezwungen. Entgegen dem Wunsch meines Vaters, es meinen Geschwistern gleich zu tun und handwerklich tätig zu werden, entschied ich mich dafür, in der Familie deshalb als „Revolutionär“ bekannt, meine Schulbildung fortzuführen und absolvierte mein Abitur. Im Anschluss daran schloss ich die Lehre zum Versicherungskaufmann erfolgreich ab und lebe nun als selbstständiger Unternehmer einer Versicherungsagentur und als Angestellter beim Landkreis Marburg Biedenkopf mit meiner Frau und meinen zwei Kindern in Wallau an der Lahn in Hessen. Ich bin stolzer Ezide und mein Glaube spielt für mich eine wichtige Rolle. Obwohl die Wurzeln des Ezidentums bis zu 2.000 Jahre vor Christus reichen, ist diese Religion, in der sich die Elemente anderer Religionen widerspiegeln, relativ unbekannt in Deutschland. Ich beschreibe sie gerne durch ein Gebet, welches ich versuche in meinem Leben und meinen Alltag umzusetzen. In diesem ezidischen Gebet bitten wir Gott zunächst die 72 Völker dieser Erde zu schützen und dann erst uns. Als weltoffener Mensch ist mir persönlich die Toleranz gegenüber andersgläubigen Menschen sehr wichtig. Ich respektiere das Judentum, den Islam und im Besonderen das Christentum, zu dem ich einen speziellen Bezug pflege. Gerne habe ich zur

Schulzeit am evangelischen Religionsunterricht teilgenommen und auch heute habe ich keinerlei Problem damit, in einer Kirche zu beten. Mit Stolz verlaute ich, dass ich kraft Gesetzes deutscher Staatsbürger bin. Ich bin sehr froh über die Möglichkeiten, über die ich in Deutschland verfüge und die Rechte, die ich hier genießen kann. Dennoch bin ich im Herzen Ezide und sehe meine Geburtsstätte und die Umwelt, in der meine Vorfahren lebten und ich meine Kindheit verbrachte, als meine Heimat an. Die leidvollen Erfahrungen, die meine Familie und ich als Eziden in der Türkei erleben mussten, haben uns stark geprägt. Dass das Demokratieverständnis in der neuen Heimat Deutschland ein ganz anderes ist, durften wir glücklicherweise von Anfang an spüren. Demokratie heißt für mich nichts anderes als Freiheit, die Freiheit, nach Menschen- und Grundrechten leben zu können. Zur demokratischen Grundordnung gehört für mich auch die Möglichkeit, sich politisch engagieren zu können. Daher bin ich seit mehreren Jahren politisch aktiv und ebenso Mitglied in Parteien. Soziales Engagement ist mir schon immer ein wichtiges Anliegen gewesen. Jahrelang habe mich ich aus diesem Grund auch ehrenamtlich für die Gemeinde Biedenkopf eingesetzt und tue das auch heute im Bereich Kindersport und der in der in Biedenkopf neu geschaffenen Integrationskommison als Vorsitzender. Ich bin der Meinung, dass jeder versuchen sollte der Gesellschaft auch etwas zurückzugeben. Durch meine Reisen in die Türkei und bis an die Grenzen von Syrien und Irak konnte ich einen Einblick in die dortigen Gegebenheiten erhalten und ich habe mir darüber hinaus Wissen über unser Ezidisches Volk und die Religion angeeignet. Dieses politische und religiöse Wissen möchte ich gerne an andere und vor allem an die jüngere Generation weitergeben.

Euer Musadir Basak

Eine Reise in Ungewisse beginnt..

An so einem Tag wie diesen, wenn alles ruhig in seinen Häusern sitzt und der Bescherung entgegenfiebert, vergisst man schnell, dass sich die Welt, auf der wir uns befinden, doch nicht so schnell dreht.

Es ist ein untypisches Weihnachten, kein Schnee, kein Eis und bei 10 Grad Celsius sind es recht milde Temperaturen im Winter 2017 in Wallau an der Lahn. Eine kleine Gemeinde mitten im Herzen Deutschlands.

Was bewegt mich nun, nach 35 Jahren gerade jetzt schon mein Leben, meine Erfahrungen, Ängste und Sorgen, aber auch die freudigen Momente hier in einem Buch niederzuschreiben? Ganz sicher möchte ich mit meinen Erlebnissen jungen Menschen Mut machen, sie motivieren und ihnen verschiedene Wege aufzeigen, wie sie sich in einer neuen Heimat zurechtfinden und perspektivisch etwas aufbauen können. Ich hätte mein Buch auch „Fifty Shades of Basak“ nennen können, nur leider muss ich euch enttäuschen, erotische Einblicke werden euch maximal mit Bildern gezeigt, aber wer das Buch kennt, wird viele Parallelen zu mir finden.

Ich spüre diesen inneren Drang die Erlebnisse meiner persönlichen Chronik mit meinen Mitmenschen zu teilen. Durch die Beschäftigung und Ausarbeitung mit meiner eigenen Lebensgeschichte habe ich es geschafft, auf meine Art die Konflikte und die schweren Zeiten zu verarbeiten. Es ist eine Befreiung der Seele diesen Ballast der letzten 30 Jahre mit dem Schreiben abzuhaken.

Wo fängt man nun an? Welche Ebene betritt man? Wie weit holt man nun aus? Wie hat man den Spagat zwischen Orient und Okzident geschafft? Ich werde versuchen auf diese interessanten Fragen nachfolgend logische Antworten zu finden. Ich hoffe es dient den jugendlichen Migranten als Ratgeber und Wegweiser für ihr Leben in einer neuen Heimat.

Humor darf auch jeden Fall in keiner Lebensphase fehlen und somit fange ich mit einem Schmunzler an: Ich bin einer der vielen Millionen Menschen, die aus der Türkei stammenden mit kurdischen Wurzeln, der seinen Pass mit dem 01.01. verzieren lassen musste. Man fragt sich, wie kommt das? Ganz einfach: Behördliche Willkür und mangelndes Interesse der Eltern, die Geburt ihrer Kinder korrekt bei den Ämtern zu erfassen. Dazu kam auch, dass es keine Krankenhäuser in der Nähe gab und man diese schlichtweg auch nicht zahlen konnte. Aus diesem Grunde waren alle Geburten in unserer Familie Hausgeburten ohne ärztliche Kontrolle, Narkose oder Krankenschwester. Meine Mutter sagt oft, sie gingen morgens auf die Felder und kamen abends mit einem Baby unter den Armen wieder zurück nach Hause. Es war für diese Zeit und die damaligen Umstände also etwas Natürliches die Kinder auf diese Art und Weise zu Welt zu bringen. So lag es auf der Hand, etwas außergewöhnlich banales als Geburtsdatum zu nehmen. Mein Vater erzählt oft, dass durch die harte handwerklich-bäuerliche Arbeit sie auch einfach keine Zeit und kein Geld hatten, um die Geburtstage der Kinder anzumelden. Man wartete sogar mehrere Kinder ab und meldete somit eine Kleingruppe an geborenen Kindern an. Um den Eintritt in das Militärdienst zu dehnen bzw. zu verlangsamen wurden auch viele Kinder einige Jahre jünger angegeben als sie eigentlich waren. Replesarien gab es nämlich auch beim Wehrdienst und im schlimmsten Fall musste man als Kurde in ein Bruderkrieg ziehen. Hier in Deutschland natürlich für das Renteneintrittsalter wurden diese oft in den Deutschen Behörden wieder korrigiert.

Darüber hinaus konnte man auch froh sein, dass die türkischen Beamten sich überhaupt rührten, denn meist musste man mit Tabak, Geld und anderen Zuwendungen ihrer beruflichen Pflicht nachhelfen. Bestechungen und Vetternwirtschaft waren leider an der Tagesordnung.

Aber gut, der 01.01., ich habe mich damit abgefunden. Ich denke an jedem Silvesterabend, dass ca. 8 Mrd. Menschen meinen Geburtstag mit Freude und einem prächtigen Feuerwerk feiern und ich glaube, kaum jemand würde was dagegen haben, wenn man ihm ein so großes Interesse bekundet. Eines hätte aber die Behörden doch stutzig machen müssen: Mein älterer Bruder ist laut Pass ganze ca. 4 Monate älter als ich, wie aber die gesamte zivillisierte Welt wissen sollte, ist die biologische Umsetzung zwischen dem Zeitraum der Schwangerschaft und der Geburt doch eigentlich mindestens 9 Monate. Auch mit diesen Zuständen mussten wir uns zufriedengeben, diese Tatsache in Frage zu stellen hätte auf einem Amt böse Folgen mit sich ziehen können.

Geboren wurde ich im Südosten der Türkei, im überwiegend kurdischen Gebiet an der Grenze zu Syrien in einem Dorf mit den Namen Khanik. Das Dorf Khanik gehört zur Stadt Nusaybin; die wiederum gehört zur Provinz Mardin, die in der Region Diyarbakir liegt. Khanik ist ein seit 520 Jahren von Eziden bewohntes Dorf. Besiedelt wurde das dorf erstmalig von der Seikh Kaste der Seikh e Berhoke und der Ezidischen Sippschaft der Bahnimni. Das Dorf ist aufgrund politischer Unruhen seit Ende der 80er Jahre komplett leerstehend, teils zerstört und man sieht nur noch Reste und Ruinen. Die Dorfbewohner befinden sich nahezu 100% in Deutschland und Zählungen gehen von mittlerweile 350 Familien aus diesem Dorf aus.

Sivrice, zwischen Nusaybin und Midyat, Türkei, 2015

In unserem Dorf gab man meiner Oma Sitti einen sehr großen Stellenwert. Als Naturheilerin widmete sie ihre Zeit den kranken Menschen in der Region und sie medezinisch zu behandlen. Sie war auch Hebamme. Viele Paare suchten sie auf, bis teils aus der Hauptstadt Ankara reisten sie an, um die Fähigkeiten meiner Oma zu bewundern und ihre Hilfe in Anspruch zu nehmen. Diesen Namen trägt heute meine jüngste Schwester.

Die ersten 5 – 6 Jahre erlebte ich in diesem Dorf. Diese Zeit prägte jedoch mein Leben stark. Ich denke, da wo man die Augen zum ersten Mal öffnet und man sich wohlfühlt, dies kann man schon gewiss als Heimat bezeichnen. Trotz aller Umstände, wie Angst, Armut, Krieg etc.

Zu unseren Ängsten: Unter zweifacher Verfolgung litten wir. Zum einen waren wir Kurden und Kurden in der Türkei werden seit Jahrhunderten unterdrückt und ihnen werden noch heute viele Rechte aberkannt; zum anderen aus religiösen Gründen.

96% der türkischen Bevölkerung sind Muslime. Eine kleine Minderheit, der ich angehöre, sind die Eziden.

Minderheitenverfolgungen standen also schon damals auf der Tagesordnung von Diktatoren und Disputen. Einige Beispiele hierzu habe ich hautnah erlebt, zum Beispiel als man meinen Vater und mich auf dem Weg zur nächsten Bäckerei im Nachbardorf, welches überwiegend von Muslimen bewohnt war, beschimpfte und wir teilweise mit Steinen fortgejagt wurden.

Es war ohnehin ein sehr hartes und einfaches Leben. Unsere Eltern waren rund um die Uhr auf den Feldern arbeiten und mit dem Vieh beschäftigt. Wir führten in der Tat ein primitives Leben ohne Fließend Wasser, ohne Strom und ohne einen Kühlschrank. Somit fehlte uns eigentlich jegliche Infarsturktur, die in der westlichen Welt eigentlich Standard war und ist. Doch so haben unsere Vorfahren Jahrhunderte überlebt, also wussten wir diese Umstände gut zu meistern. Der Einkauf in der nächsten Stadt in Nusaybin erfolgte 1 – 2-mal im Monat. Hier besorgte mein Vater auch nur die Lebensmittel, die wir in den Dörfern nicht selbst erzeugen konnten. Reisende Händler kamen wöchentlich in die Dörfer, um ihre Waren zum Beispiel gegen Hühnereier oder Felle zu tauschen. Was man tatsächlich und erstaunlicherweise nur brauchte waren Sachen wie Salz oder Zucker. Ich erinnere mich auch noch heute, dass wir Kinder kein Geld hatten, um einen Kaugummi zu kaufen. Oft klapperten wir stundenlang das ganze Dorf und die Umgebung ab, um Metalle oder Plastik zu sammeln, um am Ende gesagt zubekommen, dass es nicht für einen Lolli reiche. Also musste mal auch als Kind improvisieren und das konnten wir Dorfkinder sehr gut. Unser Kaugummi erhielten wir, indem wir von alten, leeren Batterien die Klappen öffneten und erst einmal die Säure ausgespuckt haben, um danach an das schwarze Kautschukgemisch ranzukommen. Dieser wurde eine halbe Stunde solange gekaut, bis die schwarze Färbung nachließ und sieh da, wir hatten nun unseren Kaugummi. Sehr bleliebt war auch das Harz an den Bäumen. Diesen sammelten wir und wandelten auch das in Kaugummi um. Oder wir rieben solange eine Knoblauchzehe an ein Stück Brot aus dem Lehmofen (Tanur), bis sich diese schließlich auflöste. Eine Brise Salz drüber und wir waren mega glücklich über diese Mahlzeit. Die Deluxeversion war übrigens mit Tomatenmark. Dieses Tomatenmark befand sich in einer der großen Konservendosen und sehr oft war die erste obere Schicht mit Schimmel bedeckt. Heute in der westlichen Welt undenkbar, aber für uns Alltag. Was uns Kinder dort auszeichnete, war die schnelle Selbstständigkeit und der Einklang mit der Natur. So sammelten wir im Frühling sehr viel wilden Spargel, Erbsen und andere essbare Pflanzen. Spielzeug? Playstation? Fehlanzeige! Wir mussten viel improvisieren beim Spielen. Wir hatten aber Klassiker gehabt, wie eine Schnitzeljagd mit Markierung verschiedener Stellen mit Strichen, oder eine Art Bowling, aber nur mit Steinen. Fahrräder oder gar motorisierte Fahrzeuge hatten wir nicht. Wir besaßen zwar einen Ford Transit, aber leider konnte mein Vater diesen nicht fahren. Also war das einzige Transportmittel der Esel. Vielseitig einsetzbar, belastbar und immer ein treuer Diener an deiner Seite. Wir besaßen auch ein Pferd. Dieses Pferd nahm uns natürlich auch viel Arbeit ab und nicht jeder hatte ein solches Pferd im Dorf. Somit waren wir privilegierte Besitzer und konnten recht mobil sein. Brennholz und Trinkwasser aus den naheliegenden Brunnen waren oft die zu befördernden Güter. Genauso treu und für die Sicherheit am und um das Haus war der Haushund mit Namen Kengal, ein Antolischer Hirtenhund. Diese fungierte als Wächter des Hauses und fremde hatten mächtigen Respekt vor den Beschützer des Hauses. Weitere Sicherheitsvorkehrungen waren nicht nötig, wenn man solch einen Haushund besaß. Einige Tage vor der Abreise nach Deutschland erinnere ich mich leider bis Dato, haben wir versucht ihn umzusiedeln und zu vertreiben. Er kehrte aber immer wieder zurück. Um ihn nicht verhungern zu lassen und damit er keine weitere Gefahr für die Menschen darstellte, haben wir ihn leider einschläfern müssen. Dies geschah mit einem Schuss aus der Ferne mit der Schrottflinte. Wenn man beide Welten mit einander vergleicht, so erstaunt es mich jedes Mal, wie wir Kinder doch das Leben dort so bravourös gemeistert haben. Gefährlich war es dort in jedem Fall. Die ganze Gegend war mit sehr giftigen Schlangen und Skorpione besiedelt, dies hielt uns aber nie vom Spielen in den Wiesen und Feldern ab.

Und wenn sich mal eine Schlange in den Dachbalken verirrt hatte, dann wurde diese von einen der Onkel mit einer Schrotflinte erledigt. Diese haben wir Kinder dann aufgesammelt und im Dorf unter Steinen vergraben, um sie später als Skelett wieder auszubuddeln. Meist zogen wir durch den Rumpf einen Faden und hatten somit eine einzigartige Kette. In den Frühlingsmonaten gab es sehr viel Klatschmohn. Die Blüten sammelten wir, pressten diese und füllten sie in Kanülen. So hatten wir filzstiftähnliches Schreibwerkzeug. Man konnte sich bis zum Winter durch die Natur ernähren. Vom wilden Spargel und Erbsen bis zu Trüffel aber auch Obst und Gemüse und wilde Kräuter waren alles im begrenzten Maße vorhanden. Anfang Frühling war eine Krokuszwiebel sehr beliebt bei uns Kinder. Oft aßen wir so viele davon bis die Stimme rau und dann später ganz weg war. Pflanzen wie den Ahornstab, der in Deutschland als giftig deklariert ist, hatten wir gesammelt, gekocht und köstliche Suppen davon gezaubert. Die schwangeren Frauen aßen sogar von einer bestimmten roten Erde, dies half ihnen angeblich die Schwangerschaft besser durchzustehen. Ich finde nun, dass man hier in Deutschland mit sehr vielen Verboten und Geboten das Leben schwer macht. Die Menschen sollten besser aufgeklärt werden und mit der Natur spielerisch aufwachsen, ähnlich wie es die Kinder in den Waldkindergärten tun.

Um ein Einblick in unseren Glauben zu gewähren, werde ich nun das Thema Ezidentum nachfolgend ausführlicher erklären, damit man als Außenstehender den Konflikt mit der moslemischen Mehrheit versteht.

Wer sind die Eziden?

Einige Elemente des westiranischen Zoroastrismus, Einflüsse der alt mesopotamischen, des jüdischen und der christlichen Religion spiegeln sich in der ezidischen Religion wieder. Sie wurde traditionell geheim praktiziert und überliefert. Niemand kann zum ezidischen Glauben konvertieren oder gar bekehrt und missioniert werden. Ezide wird man nur durch Geburt. Unsere Gebete und Psalmen wurden und werden heute noch mündlich und in kurdischer Sprache (kurmanci) abgehalten. 73 Verfolgungs- bzw. Vernichtungszüge überlebten sie, überwiegend von islamischen aber auch von christlichen Anhängern verübt.

Der 74. Versuch, die Jahrtausendalte Religion auszurotten, geschah leider zuletzt im Nordirak im Herzen des Ezidentums. Am 03.08.2014 überrannten Terroristen des sogenannten Islamischen Staats (IS) die Stadt Shingal sowie wie Region Shingal samt umliegender Städte und vertrieb somit Hunderttausende auf das Gebirge Shingal. Tausende wurden ermordet oder versklavt. Sehr viele junge Frauen wurden auf Märkten verkauft. Kinder wurden solange mit Gehirnwäsche manipuliert bis sie die Taten als Selbstmordattentäter wirklich ausführten. Ihnen alle wurde auch die Wahl zwischen der Annahme des islamischen Glaubens und dem Tod gestellt. Etwa 2.800 Frauen und Mädchen befinden sich aktuell immer noch in den Händen dieser Monster. Einige Zehntausend konnten damals im August 2014 beim Sturm auf diese ganze Region durch einen errichteten Korridor durch YPG, PKK und HPS (Ezidische Front) gerettet werden. Erst Ende Dezember konnte man eine große Region wieder befreien und den IS zurückschlagen. Die Stadt und die gesamte Umgebung sind völlig zerstört. Eine Rückkehr, selbst in die Ruinen, ist im Moment aussichtslos, da der Ort nun zu einem politischen Spielfeld und den Machtverhältnissen zwischen Peschmergeh (kurdische Freiheitskämpfer im Irak) und der PKK ausgelotet werden. Außerdem sind seit dem Angriff mehr als Hunderttausend ins ausländische Exil geflohen und werden wohl an diesem Ort nicht zurückkehren. Die Religion lag dem Exodus nahe, da knapp 60% der Eziden mit dem 74. Genozid auf der Flucht waren und noch sind. Viele Länder unter anderem Deutschland hat die Ereignisse aus 2014 als Völkermord annerkannt.

Aktion auf soziale Medien gegen den Genozid an Eziden

Die monotheistischen (ein Gott Verehrung) Eziden sind Angehörige einer alten religiösen Minderheit der Kurden. Ihre Wurzeln reichen bis zu 4.000 – 6.000 Jahre vor Christus, in die Zeit des Mithras (iran. Gott). Einen Propheten wie Mohammad oder Jesus gibt es bei uns Eziden nicht. Für uns sind die sieben Engel sehr wichtig, wobei der höchste Tausimelek ist und er als Stellvertreter Gottes anzusehen ist. Die Namen der Engel sind Azrail, er hält den Schlüssel für die

Welt in der Hand und ist somit Tausimelek, Dardaîl, Israfîl, Mikaîl, Jibraîl, Shamnaîl, Nuraîl.

Die Gestalt des Tausimelek, halb Mensch halb Pfau

Um einen Eindruck von der praktizierenden Realität zu bekommen, werden im Folgenden die Rollen der einzelnen Engel und damit ihrer Aufgabenfelder dargelegt:

AZRAIL, der erste Engel, der auch Engel Pfau heißt, ist Gottes rechte Hand. Er ist der Wächter der Erde. Einmal im Jahr, am yezidischen Neujahrsfest (Carsema Sor, dt. Roter Mittwoch, am 1. Mittwoch im April), kommt er auf die Erde und besucht Gottes Schöpfung. Er spendet den Menschen was sie zum Leben brauchen (damit sind nicht nur materielle Dinge gemeint, sondern auch Werte, wie Freiheit, Frieden, Nahrung, das täglich Brot etc.).

DARDAIL, dessen Kräfte durch Sheikh Hassan wirken, ist für alles Geschriebene verantwortlich, das auf Gottes großer Tafel eingetragen und vermerkt ist (Vergleich: Das Buch des Lebens).

ISRAFIL (Esfrafîl), vertreten durch Sheikh Shems; er lenkt Sonne, Mond und den ganzen Kosmos auf ihren Bahnen.

MIKAIL, welcher durch Sheikh Abubakir wirkt, bestimmt die ‚xarka', das liturgische Gewand – ursprünglich das der Sufis (Derwische) – bei den Yeziden ist es das schwarze liturgische Gewand des Fakirs. Sheikh Abubakir trifft das Urteil über das geführte Leben der Verstorbenen, wenn die Seele in die andere Welt übergeht. Er teilt die Seelen ein in Gut und Böse, bringt die einen an den Ort der Verdammnis (doj) und die anderen ins Paradies (beheşt = der Ort, an dem Tausimelek und die anderen Erzengel sind).

JIBRAIL, überbringt durch Sheikh Sicadin den Sterbenden Gottes Botschaft, dass das Leben nun zu Ende gehen wird. Sheikh Sicadin ist der Botschafter für alle Seelen.

SHAMNAIL (Shimnaîl), wird vertreten durch Sheikh Nasirdin. Dieser (wörtlich: schneidet den Kopf der Verstorbenen ab – celat dê sera); d.h. er verursacht den Tod und bringt die Seele der Verstorbenen ins Heiligtum nach Lalish. Dort wird über die Seele durch Sheikh Abubakir (Vertreter des Engels Mikail) Gericht gehalten. Auf dem sûka marifetê in Lalish wird der Verstorbene nach seinem Leben gefragt. Verteidigt wird er hier von seinem Sheikh, seinem Pîr, seinem Murebbi (Lehrer) und seinem Birayê Axeretê. Natürlich wird der Verstorbene auch gefragt, was er ihnen zu Lebzeiten gegeben hat, denn die Großzügigkeit seiner Gaben zu Lebzeiten spielt bei der Beurteilung auch eine Rolle.

NURAIL (Tauraîl) hat durch Sheikh Fakhredin Einfluss auf die religiöse Gesetzgebung (z.B. gehören alle Angehörigen der Baba Sheikh-Familie zu diesem Xwûdan)

Die ezidische Religion wird, wie bei den Indern, in Kasten gegliedert. Der Emir steht an der Spitze. Sie unterliegen Tabus, die bestimmte Speisen (Salat) oder Farben (blau) verbieten. Im yezidischen Glauben existiert das Böse nicht, dies würde sonst die Existenz Gottes in Frage stellen. Es ist

sogar verboten den Namen des bösen auszusprechen. Es heißt Gott gab dem Menschen Verstand, nun müsse dieser abwägen was gut und was schlecht ist. Im religiösen, familiären und öffentlichen Leben sind jedem Eziden bestimmte Rollen zugewiesen. Frauen tragen keine Schleier und haben in adligen Familien oft deren Politik für die Gemeinschaft bestimmt und geführt. Sie nehmen also auch am öffentlichen Leben teil. Die Religionszugehörigkeit ist wie erwähnt in drei Kasten aufgeteilt, hierbei handelt es sich um die Sheikhs, die Pîr und die Murids. Die Sheikhs und Pîr sind für die religiösen Riten und den Erhalt der kurdisch-ezidischen Traditionen verantwortlich, wie z.B. der Bisk (ähnlich einer Taufe). Auch diese Rolle wird den Pîr zugeordnet.
Die Mirids sind das einfache Volk und beide andere Kasten stehen über Ihnen.

Die Ansiedlung der Eziden findet in sehr vielen Orten statt Überwiegend aber im Nordirak im Sindschar, viele In Syrien und der Türkei und sehr viele in der ehemaligen Sowjetunion. Deutschland beherbergt mittlerweile knapp 100.000 Yeziden. Sie waren in der Vergangenheit ausschließlich Bauern und Viehzüchter. In den letzten Jahrzehnten wurden sie durch viele Akademiker und berühmte Persönlichkeiten bereichert. Sie sind mit denen am besten integrierten Migranten Deutschlands, sehr viele sind bereits deutsche Staatsbürger. Es ist erwiesen, dass die Mehrheit aller Kurden bis zur Zwangsislamisierung im 9. bis zum 11. Jahrhundert Eziden waren. Heute gibt es nur noch Restgruppen. Die größte Schicht hält sich wie angesprochen im Irak (ca. 500.000) auf. Ihre Anzahl in Armenien und Georgien wird auf einige 10.000 geschätzt. In Syrien gibt es 5.000 – 10.000 Eziden. Im Iran leben nur einige tausend. Gab es in der Türkei ursprünglich 300.000 Eziden, sind es heute nur noch wenige hundert. Diese sind alte und kranke Menschen die so und so nichts mehr zu verlieren haben. Durch die Zwangsislamisierung wurde die Zahl auf heute ca. 1.000.000 Mitglieder dezimiert.

Die Siedlungsgebiete der Eziden entsprechen in der Regel denen der Kurden. Das religiöse Zentrum der Eziden ist die heilige Stätte Lalish (dt. Lalisch) und befindet sich im Nordirak, nahe der Stadt Mossul.

Die heilige Stätte der Yeziden Lalish im Irak

Jeder Ezide sollte sie einmal in seinem Leben besucht haben. Dort befinden sich unter anderem die Gräber des Reformators Sheikh Adi und anderer Heiligen. In Deutschland, sind die Yeziden aufgrund ihrer religiösen Verfolgung durch den Islam in ihrer Heimat als asylberechtigt anerkannt worden, zurzeit leben ca. 210 000 Yeziden in der Bundesrepublik.

Trotz der gleichen Sprachbasis konnte sie sich infolge des bis heute fortdauernden Sprachverbots (z.B. in der Türkei bis vor kurzem verboten) nicht entfalten. Das Sprachverbot spiegelt sich vor allem dadurch, dass viele Eziden auf Kurdisch weder schreiben noch lesen können. Es ist erwiesen, dass die kurdische Sprache eine der ältesten Sprachen des mittleren Ostens ist. Das Ezidische Volk, wie auch insgesamt das Volk der Kurden gehören der indo-iranischen Sprachfamilie an. Damit hebt sich ihre Identität klar von der arabisch/islamischen ab. Zu der indo-iranischen Sprachfamilie gehören unter anderem viele westeuropäische Sprachen, unter ihnen der Deutschen. Den Eziden wird bestätigt, die kurdische Sprache trotz fremdsprachlicher Einwirkungen, bewahrt zu haben. Die Sprache der Eziden ist ein Dialekt des Kurdischen (Kurmanci). Es ist in verschiedenen Landesdialekten und Mundarten verbreitet. Höher gestellte Angehörige der Eziden beherrschen es. Es dient auch als Liturgiesprache (Gottesdienst) in einigen Riten des ezidischen Glaubens. Unter den Eziden gibt eine sehr viele Sippen ich gehöre der Sippe der Bahnimnis an.

Die Bahnimnis

Der Name „Bahnimî" (dt. Bahnimmii) ist die Bezeichnung für (ehemalige) Bewohner des ezidischen Dorfes/Region „Bahnim" (dt. Bahnimm). Die Bahnimîs gehören zu den sogenannten Çolîs (dt. Tscholiis) und somit auch zu den Çelka Êzîden (dt. Tschelka Eziden). Das Dorf/die Region Bahnim liegt in Nordkurdistan, nahe der Stadt Nusaybin (kurdisch: Nisebin) an der syrischen Grenze.

Wie fast alle Eziden aus dieser Region und überhaupt aus Nordkurdistan (Osttürkei) sind auch die Bahnimîs hauptsächlich nach Deutschland emigriert. Wie bereits erwähnt, gehören die Bahnimîs zu den Çolîs, die sich wiederum in die zwei großen Konföderationen der Kelikan (dt. Kälkan) und der Dasikan (dt. Daaska) unterteilen.
Die Bahnimîs gehören zu den Kelikan. Somit ergibt sich folgende Stammesklassifizierung:

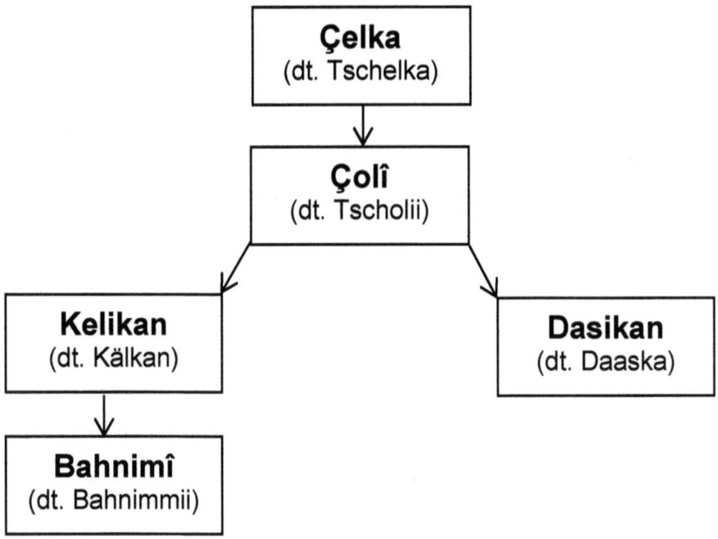

Da die Kelikan Konföderation der Şêxê Şêxûbekir (dt. Sheikhe Sheikhubekir) zugeordnet sind, sind sie somit auch die Şêxs der Bahnimîs.

Die zugeordnete Pîr Gruppe sind die Pîrê Pîr Al, aufgrund der Zugehörigkeit zu den Çelka Êzîden. Den Namen der Stämme bzw. Sippen bekamen die meisten durch ihren Wohnsitz oder die Region, in der sie sich angesiedelt hatten.

Demnach kamen die Bahnimnis aus der Region Bahnim, diese liegt zwischen Nusaybin und Midyat und ist ein Höhlendorf. Diese Höhlen dienten Ihnen als Zufluchtsort vor Massakern und Genoziden. Erst Anfang des Jahrhunderts begaben sich die Genration meiner Großeltern in die Dörfer Khanik, Misawül und Qolika, teils auch in andere ezidische Dörfer. Andere Stämme wie zum Beispiel der Efsis oder Takis sind aus den besagten Dörfer Efse und Taka.
Weitere Stämme sind: Bahcolis, Bacini, Xerabi, Xalti, Sifketi, Nemirdani, Dasiki, Mihoki, Takis, Efsis.

Ein Blick in Richtung Bahnim, Höhlendorf, Nusaybin

Von einem Ort wo bekanntlich und nachweislich die Wiege der Menschheit und die Weltreligionen entstanden sind. Den Eziden und den Kurden wird die Daseinsberechtigung nicht anerkannt. Die Kurden die von den Medern und Sumerer abstammen waren schon immer in diesem Land.

Um nun die Eigenarten und das spezielle an den Kurden zu erklären, bedarf es mehr als das Buch von dem Deutschen Schriftsteller Karl May „Durch das wilde Kurdistan". Karl May muss die Eziden zu dieser Zeit gut studiert haben, denn er beschreibt sie als freundliche friedenliebende, arme und tapfere Menschen. Genau das waren sie immer.

Nachfolgend habe ich deshalb die Kurden und Kurdistan ausführlich thematisiert.

Wer sind nun die Kurden?

Die kurdischen Gebiete befinden sich, geografisch gesehen, zwischen dem 34. und 40. Grad nördlicher Breite und dem 38. und 48. Grad östlicher Länge. Von Ost nach West ist das Gebiet etwa 2000 km breit und von Nord nach Süd etwa 300 – 500 km. Kurdistan hat eine Bevölkerungssumme von etwa 40 Millionen, die Sprache der Kurden wird in verschiedenen Dialekten unterteilt. Gängiger Dialekt ist Kurdisch (Kurmanci), Zazaki (in einem Gebiet in der Türkei), und Sorani (Irakisches Dialekt), Gorani (Iranischer Teil).

Außerdem wird Aramäisch von den kurdischen Aramäern gesprochen, die neben den Yeziden und den Aleviten, eine kleine Minderheit in Kurdistan darstellen (10 – 15%).

Die Hauptstadt Kurdistans in der Türkei ist Diyarbakir (Amed), zu Deutsch der Berg Diyars. Die Hauptstadt der Autonomen Region Kurdistan im Irak ist Arbil. In Syrisch Kurdistan ist es

Qamisli. Weitere wichtige Städte sind Mardin, Van, Bingöl, Urfa, Malatya. usw. Hewler, Duhok, Erbil, Mossul, Süleymaniye, Urmia und Mahabad im Irak und Iran Die geschichtsträchtigen Flüsse Euphrat und Tigris gehören zu den bedeutendsten Flüssen Kurdistans. Mit ca. 5500 m zählt das Agiri-Gebirge zu den höchsten Gebirgen in Kurdistan, erwähnenswert ist das Zagros-Gebirge im Irakisch-Kurdistan.

Die Verwirklichung des kurdischen Traums eines souveränen, selbständigen, unabhängigen und autonomen Staats konnte und kann bis heute nicht wirklich umgesetzt werden. Zwei Probleme entstehen bei dieser jahrhundertealten Forderung:

1. Das gespaltene Kurdistan, verteilt auf vier Staaten, wurde lange von keinem Staat geduldet. Mittlerweile erlangte man vollständige Autonomie in Irakisch-Kurdistan und in Syrisch-Kurdistan (Rojava). Sowohl nach dem ersten als auch nach dem zweiten Weltkrieg wurde ein Autonomes Kurdistan von den Siegermächten versprochen, jedoch nie realisiert. Diese Ereignisse fürchtet wiederum die Türkei. Auch hier könnte das Bestreben, welches seit nun gut 30 Jahren mit Waffengewalt teilweise durchgesetzt wird zur Autonomiebemühungen führen. Anfangs 2013 wurden Gespräche mit dem dortigen Kurdenführer Öcalan aufgenommen. Ein Funken Hoffnung auf Frieden und Stabilität in der Region wäre zu erwarten, wenn die Gespräche zu einer Einigung führen sollten. Einige Zugeständnisse wurden bereits erfolgreich umgesetzt. Die Kurdischen Guerillaeinheiten haben sich aus den Grenzen Türkei nach Irakisch Kurdistan bewegt hierfür sind einige Reformpakete der Erdogan Regierung umgesetzt worden, die sicherlich nicht befriedigend waren.
2. Das größere Problem dieser Nichterfüllung der Zielsetzung sind die Konflikte zwischen den Kurden

selbst. Die Führenden Parteien auf allen vier Staaten beharren auf ihre Rechte und verweisen auf ihre Territorien. Nach dem Fall des Saddam Regimes stehen für die Irakischen Kurden positive und zukunftsweisende Strukturen in wirtschaftspolitischer Hinsicht bevor, der Traum eines unabhängigen Kurdistan steht mit Hilfe der dort regierenden kurdischen Politiker Barzani und Talabani in naher Aussicht gerückt zu sein, Talabani ist der zur Zeit der amtierende Präsident des Iraks. Eine Einheit aller Regionen und somit das Groß Kurdistan ist das Schreckensszenario für die Türkei, Syrien, Iran und dem Irak.

Nusaybin, Höhe Khanik, Höhlenunterkunfte

Die Ölvorräte im Norden Kurdistans sind eine der wichtigsten Quellen zur Beschaffung des schwarzen Goldes und somit für die importierenden Länder einer der wichtigsten Partner. Die Chrom- und Silbergewinnung hat sich mittlerweile zu einer lukrativen Einnahmequelle des Landes gemacht. In den kurdischen Gebieten werden Getreide, Reis, Linsen, Bohnen und Kichererbsen und weitere Gemüse- und Obstsorten angebaut. Daneben gibt es Nüsse, Zuckerrüben, Baumwolle, Tabak, Wein und Oliven. Die Getreidefelder im syrischen und irakischen Teil haben als Kornkammern eine hohe Bedeutung für die jeweiligen Staaten. In Kurdistan werden Schafe, Ziegen und Rinder gezüchtet Die Kultur, die Vegetation, das herrliche Klima und die Tradition der Kurden sowie die bekannte Gastfreundlichkeit der Einheimischen sind ein Besuch wert.

Die Kurdisch Autonome Region im irakischen Kurdistan hatte einige Jahre eine Wirtschaftswachstumsrate von über 6% zu verzeichnen. Nach den Worten von Mesud Barzani (Ministerpräsident) soll aus der Region, nach dem Vorbild von Dubai, eine Freihandelszone entstehen.

Mardin, Türkei Airport mit Gönül Dilan,
eine berühmte türkisch-kurdische Sängerin und Schauspielerin

Ismail Beşikçi, türkischer Schriftsteller, 2014, fordert föderales Kurdisches Gebiet in der Türkei: *„Natürlich ist das eine positive Entwicklung. Aber ich will die Aufmerksamkeit darauf lenken, was Sache ist: In den 1920er Jahren wurde Kurdistan geteilt. Es war, als wenn man das Skelett eines Menschen auseinandernimmt. Etwa 40 anerkannte Staaten der Welt zählen jeweils weniger als eine Million Einwohner. Meiner Beobachtung nach gibt es zirka 40 Millionen Kurden. Und obwohl sie so viele sind, wird ihnen nicht das Recht auf einen Staat zuerkannt. An der antikurdischen Haltung der internationalen Gemeinschaft hat sich seit den Zwanzigerjahren nichts verändert. Die Kurden sollten genau das, was in der derzeitigen Realität nicht möglich ist, verlangen. Man redet bei einem Kurdenstaat immer von Separatismus. Dabei wurde aber Kurdistan separiert und zerteilt."*

Cira TV, Kurdisch-Ezidisches TV, Themen: Migration, Wirtschaft, Assimilation; mit Serzan Cicek und Nihat Kurt

Die Türkei

Die **Türkei** (türkisch *Türkiye*; amtlich **Republik Türkei**, in der Schweiz amtlich **Republik Türkiye**, türkisch *Türkiye Cumhuriyeti*, kurz *T.C.*) ist ein Einheitsstaat im vorderasiatischen Anatolien und

südosteuropäischen Ostthrakien.

Geographisch wird das Land meist in sieben Regionen unterteilt. In der Türkei leben mehr als 85 Mio. Menschen (Stand: 2022) auf einer Fläche von 783.562 km². Im Ballungsraum von Istanbul lebt knapp ein Fünftel der Bevölkerung, daneben gibt es mit der Hauptstadt Ankara sowie mit Izmir, Bursa, Adana, Gaziantep und Konya sechs weitere Millionenstädte. Der Grad der Urbanisierung lag 2021 bei 77 %. In der Türkei gibt es 18 UNESCO-Welterbestätten und zahlreiche Nationalparks.

Gemessen am Index der menschlichen Entwicklung (HDI) zählt die Türkei zu den sehr hoch entwickelten Staaten. Mit etwa 50 Mio. Touristen liegt die Türkei auf Platz vier der meistbesuchten Länder der Welt (Platz drei in Europa). Die Türkei ist ein Schwellenland mit mittlerem Einkommen, liegt beim Bruttoinlandsprodukt weltweit auf dem 19. und bei der Kaufkraftparität auf dem 11. Platz. Sie ist unter anderem Mitglied der OECD, der NATO, der Vereinten Nationen, der G20 und der Organisation für Islamische Zusammenarbeit. Seit 1999 ist die Türkei darüber hinaus offiziell ein EU-Beitrittskandidat. Außerdem ist sie einer von sechs unabhängigen türkischen Staaten und aktives Mitglied des Türkischen Rates und der TÜRKSOY-Gemeinschaft.

Die Türkei ist seit der Gründung der Republik im Jahr 1923 als Nachfolgestaat des Osmanischen Reiches laizistisch und kemalistisch ausgerichtet. Der Staatsgründer Mustafa Kemal Atatürk leitete eine Modernisierung der Türkei durch gesellschaftliche und rechtliche Reformen nach dem Vorbild verschiedener europäischer Nationalstaaten ein. Seit 2003 steht der derzeitige Staatspräsident Recep Tayyip Erdoğan an der Spitze des Landes. Seit ungefähr 2012 führt er das Land zunehmend autoritär. Besonders die Meinungs- und die Pressefreiheit gelten als stark eingeschränkt. Die durch seine Wirtschaftspolitik ausgelöste Währungs- und Schuldenkrise sowie die hohe Inflation halten seit 2018 an.

Außenpolitisch steht die Türkei den westlichen Staaten näher. Zur Mehrzahl seiner Nachbarländer hat die Türkei ein stark angespanntes Verhältnis, bspw. zu Griechenland, Armenien und dem Irak. Nordzypern (seit 1974) und Nordsyrien (seit 2016) hält die Türkei gar militärisch besetzt, was den meisten Völkerrechtlern als völkerrechtswidrig gilt.

Flucht nach Deutschland

Nachdem man nun sein Ursprung und seine Nation erkannt hat und augenscheinlich kein Moslem ist und das in einer Region die sehr stark islamisch geprägt ist, dann hat man ein doppeltes Problem, sowohl ethnisch als auch religiös. Die Schikanen sind umfangreich, ob in der schulischen Ausbildung oder dem Wehrdienst oder andere soziale und politische Aktivitäten, man wird und wurde immer als Mensch zweiter Klasse angesehen. Also war es wohl folgerichtig, dass auch wir, wie viele tausend anderer Familien Ende der 80er Jahre das Land unfreiwillig verlassen mussten.

Nusaybin, Türkei
Eine Reise ins Ungewisse, 1988

Alles Hab und Gut verkauft und das Geld einem Schlepper anvertraut begann eine qualvolle Reise ins Niemandsland. Unter dieser Flucht und dem fortgejagt zu werden aus der Heimat haben besonders die ältere Generation die ehemals stolze und unbeugsame Männer waren, heute immer noch sehr zu leiden. Die meisten sind depressiv oder haben einen unendlichen Durst nach einer Rückkehr in ihre Heimatorte.

Die meisten kehren auch wieder zurück, aber leider zu oft als Verstorbener der dort bestattet werden muss. Dies ist zu Lebzeiten ihr letzter Wille in der Erde der Ahnen begraben zu werden.
Ich erinnere mich als wäre es heute als zwei Tranchen aus der Familie uns verlassen haben, meine älteren Geschwister durften zuerst reisen. Wir sind also versetzt in drei Gruppen „abgehauen".

1988 war es dann auch für meine Eltern und meine jüngeren Geschwister soweit. Nach schier unendlicher Busreise durch Berg und Tal, über Brücken und Täler kamen wir irgendwann in Istanbul an. Das war schon mal ein Zwischenerfolg. Viele haben es bis dahin nicht geschafft.

Nach einigen Wochen Aufenthalt dort und wohl abgeschlossener neuen Reiseroute ging die Reise dann weiter in das gelobte Land, das Land wo es angeblich Geld und Gold regnen soll, Deutschland.

Weiter ging es also, auf den Sitzen unter den Sitzen und auch dazwischen, der Geruch des der vorher eingenommen Nahrung die die zum Halse wieder hochkam war deutlich zu riechen. Es war schrecklich und unendlich diese Busfahrt. In Deutschland nun angekommen gab es schon die erste große Aufregung.

Meine Mutter versteckte sich hinter meinen Vater als sie zum ersten Mal einen afrikanischen Menschen gesehen hat. Mit den Worten „Hilfe ist das auch ein Mensch?" kann man glaube ich gut nachvollziehen woher wir kamen und wie viel soziale Kontakte wir zur westlichen Welt pflegten.

Nach mehreren Wochen Auffanglager und Notunterkünften, Deutschkurs für die Kinder und das erste sich ran tasten an deutsch und Deutschland holte uns ein Onkel schließlich ab und brachte uns in eine Stadt in Mittelhessen. Im Nachhinein überlege ich wie er sechs Personen und sich in einem Volkswagen Golf II unterbringen konnte. Das war für uns ein großer Schritt, denn in unserer neuen Heimat konnten wir endlich nach der Widervereinigung Deutschland und dem Sieg der Fußballnationalmannschaft in Rom auch unsere persönliche familiäre Zusammenführung feiern.

Die 90er Jahre sind mir besonders gut in Erinnerung geblieben. Die Liebe zum Fußball und für die deutsche Nationalelf entdeckte ich dann plötzlich. Das erste Mal erlebte ich ein Gefühl des Stolzes und eine enge Zugehörigkeit zu diesem noch für mich bis dahin fremden Land.

Alle 11 Geschwister waren also wieder vereint und es schlich sich eine kleine Normalität bzw. Routine im Tagesablauf ein.

Gladenbach ist eine kleine mittelhessische Stadt, gehört zum Landkreis Marburg Biedenkopf. Mit ca. 12.000 Einwohner eine recht große Gemeinde, die aber den Charme eines Dorfs nicht verloren hat, vielleicht deswegen fühlten wir uns dort recht wohl.

Nach über einem Jahr dort zogen wir dann nach Wallau. Wallau ist nach der Kernstadt der größte Stadtteil der Stadt Biedenkopf im Landkreis Marburg-Biedenkopf in Hessen mit etwa 3.600 Einwohnern. Das Haus war sehr groß, endlich hatten wir Geschwister die Möglichkeit, uns Freiräume zu schaffen und fühlten uns sehr wohl. Direkt an der Lahn gelegen war es dort ein sehr schönes wohnen.

Panoramabild mit Blick auf Wallau/Lahn

Eine wundervolle, neue Heimat…

… und mein Platz für meine Seele

Ich bekam sehr schnell Anschluss im Dorf, wir wurden von unseren Nachbarn herzlich empfangen und über viele Jahre verbringen wir hiersehr gutes Miteinander. Heute kann ich stolz sagen ein Bürger von Wallau zu sein. Mit meinen Schulfreunden und Fußballkameraden habe ich eine sehr schöne Zeit verbracht. Über 30 Jahre habe ich hier Fußball gespielt. Zählt man die anderen Brüder dazu dann haben wir zusammen über ein Jahrhundert für diesen Verein gespielt.

Sehr viele gemeinsame Erfolge konnten wir verzeichnen und wurden in unserem Team ein fester Anker. Was den Anschluss immer wieder ins Stottern brachte, war die Tatsache, dass ich nie mit den Freunden oder Fußballkameraden Alkohol getrunken habe. Dies war und ist in vielen Mannschaften ein festes Ritual. Zum Glück konnte ich bis heute wiederstehen. Alkohol noch Zigaretten sind bis heute für mich ein absolutes Tabu. Dies bringt aber auch sehr viele Vorteile mit sich, neben der Gesundheit und dem Gestank und den bösen Nebenwirkungen und dessen Folgen ist auch das finanzielle Ersparnis enorm.

Ich behaupte noch heute, dass einige meiner Freunde mindestens eine Eigentumswohnung „versoffen und verraucht" haben. Die Jugend war auch nicht einfach. Unter ärmlichen Verhältnissen waren wir auch Kleiderspenden angewiesen. Ich denke man versteht mich in diesem Punkt sehr gut, wenn ich sage, dass ich die Fußballschuhe eines 30-Jährigen im Alter von 12 – 13 tragen musste. Nicht weil ich große Füße hatte, es war schlicht und einfach kein Geld da für neue Schuhe. Neben dem Fußball jogge ich auch mein ganzes Leben sehr gern, fahre Fahrrad, gehe schwimmen, habe eine Zeitlang Tennis und Tischtennis gespielt. Ein wichtiger Ausgleich zum beruflichen Alltag: Um Erkrankungen und Übergewicht vorzubeugen solltet ihr regelmäßig Sport betreiben.

Migration und Assimilation

Um als Migrant in einem anderen Land sich erfolgreich zu integrieren bedarf es viele Faktoren. Ich möchte meine gesammelten Erfahrungen als eine Hilfestellung für alle motivierten und lernwilligen Menschen anbieten. Zuerst möchte ich, dass man das Wort Migrationshintergrund ganz aus dem Vokabular streicht und es mit dem Wort Migrationsvordergrund ersetzt. Denn die Vorteile, Stärken und die Erfahrungen, die man als Migrant mitbringt sollte man positiv einsetzen. Bereit sein für Veränderungen sollte man unbedungt zuzulassen. Aber wie genau kann man nun erfolgreich ein Teil dieser Gesellschaft werden? Zunächst ist es wichtig Hemmungen abzulegen und offen auf die neue „Familie“ zuzugehen. Integration und der Wille sich anzupassen sind das A und das O für ein funktionierendes soziales Zusammenleben.

Integration heißt aber nicht Assimilierung. Das Vergessen oder Verlieren der eigenen Kultur sollten niemals verlangt werden. Die eigene Kultur und die Religion sind durch das Grundgesetzt geschützt und jeder kann es frei ausüben. Selbst die sexuelle Orientierung und eine freie Meinungsäußerung prägen Deutschland. In einigen Islamischen Ländern ist das leider undenkbar. Die eigene Kultur kann auch als Bereicherung in die Gesellschaft eingebracht werden. Also verlangt niemand von euch, dass man das alles aufgibt, aber sehr wohl, dass man sich an die freiheitlich, demokratische Grundordnung hält und bestimmte Riten, Werte und Eigenschaften der Deutschen sind zu respektieren. Kurz gesagt, das Beste aus beiden Welten und Kulturen verbinden und kombinieren.

Der alte Spuk der von vielen erzählt wurde, dass in Deutschland Milch und Honig fließt oder, dass man das Geld mit Besen aufkehren kann solltet ihr ganz schnell vergessen. Wer hier nicht arbeitet, der wird schnell merken, dass er in die sozialen Randecken gedrängt wird. Im Gegenteil, als Migrant musst du sogar doppelt so viel wie deine Deutschen Mitbürger arbeiten. Du musst dich beweisen und hartnäckig bleiben. Fleiß und Disziplin, Tugenden der deutschen sind enorm wichtig um hier Fuß zu fassen. Man sollte definitiv Migrations-Ballungsräume vermeiden. Die Asylsuchende und Flüchtlinge sollten immer gesund in die Gesellschaft verteilt werden. In den Ballungsräumen wird ihnen die Möglichkeit genommen sich zu integrieren, weil dies schlicht und einfach nicht notwendig ist. Soziale und gesellschaftliche Eingliederungshilfen sollten vielmehr genutzt werden, ob Vereine oder politische Gremien oder das Ehrenamt. Das wichtigste ist die Sprache: Sie ist der Schlüssel der viele Tore öffnet. Auch hier gilt sich zu motivieren und die Bereitschaft zu zeigen schnell dieses wichtige Hindernis zu überwinden.

FV Wallau/Lahn 1913 e.V.,
seit über 3 Jahrzehnten mit dem Herz verbunden

In meinem Leben begegnete ich vielen sogenannten Gastarbeitern, die seit den 1970ern in Deutschland wohnen, arbeiten und leben. Sehr viele dieser Familien können bis Dato kein gutes Deutsch. Wenn man nun bedenkt, dass sie ihre Finanzdienstleister haben, Bäckereien, Metzgereien, Läden, Frisöre etc. dann ist es klar warum man sich nicht bemüht hat sich in diese Gesellschaft zu integrieren. Was ich nun nicht muss das mache ich auch nicht. Erschreckend ist sicherlich, dass die Generation der jetzigen Jugendlichen Migranten kein Bezug zu Deutschland und zu den Deutschen hegt und pflegt. Hier geboren und mit allen wirtschaftlichen und sozialen Vorteilen gesegnet wählen sie doch oft den Weg ihrer Heimat und werben wie zum Beispiel für die Todesstrafe und für eine Unterdrückung der Frau. Kopftücher und Burkas sind ein Zeichen der männlichen Unterdrückung. Egal wie sehr eine Frau gläubig sein möchte, aber keine Frau verdient diese Form der Ausgrenzung. Ich persönlich kann mir auch nicht vorstellen, dass eine Frau aus freien Stücken sich vollverschleiert. Gleichberechtigung zwischen Mann und Frau wird in Deutschland als selbstverständlich gesehen. Diese Tatsache haben hier alle Menschen zu respektieren und tolerieren.

An vielen allen Orten Deutschlands haben sich die Muslime Gemeindezentren und Moscheen aufgebaut, man bedenke wie islamische Länder reagieren würden, wenn ein Christ, Jude oder Ezide in jenen Ländern ein Gotteshaus errichten möchte. Das ist in vielen radikal muslimisch geführten Ländern überhaupt nicht möglich.

Der Staat macht zu viel Zugeständnisse, ihr genießt Sicherheit, es gibt keine Verfolgung, ihr werdet sozial abgesichert und trotzdem vergessen einige dabei wer Gast und wer Gastgeber ist.

Heimat-Reise 2013 und 2015

Nach meinem Verständnis ist der erste wahre Blick nach der Geburt jener der prägt. Und so was es auch bei mir. Obwohl ich die andere Heimat über 25 Jahren nicht sehen konnte war ich doch nahezu wöchentlich mindestens einmal dort und zwar im Traum. Was für andere nicht nachvollziehbar ist, war es ein harter und stressiger Weg um den Weg in die Heimat zu ebenen. Dutzende Besuche beim Konsulat in Frankfurt und unzählige Dokumente später erhielt ich dann in 2013 meinen türkischen Ausweis, der nun die Reise in die Heimat ermöglichen sollte. Paradox ist auch hier gibt es Willkür und Schikane in den Konsulaten. Also musste ich letztendlich einen türkischen Ausweis beantragen um mich dann im zweiten Schritt direkt wieder ausbürgern zu können. Sie erzählten mir, sie hätten absolut keine Daten von mir in der Türkei gespeichert. Sollte ich aber in die Türkei reisen, würde ich Ärger bekommen.

Im April 2013 war es dann soweit, nach über 20 Jahren ging es über den Flughafen Stuttgart hoch über die Wolken in die Kurdische Metropole Diyarbakir, von dort mit einem Taxi weiter nach Midyat in das Dorf Kefnas. Kefnas ist ein yezidisches Dorf und der Stamm der Kefnasi ist nach diesem Dorf benannt. 14 Tage verbrachte ich dort und wurde ein anderer Mensch. Ein ausgeglichener, fröhlicher und mit Seelenfrieden gesegneter Mann. Endlich: aber wie kam es dazu. Komischerweise kann ich auch heute bestätigen, dass ich mir jeden Stein, jede Pflanze und jeden Ort damals im jungen Alter von 5 – 6 Jahren eingeprägt hatte, sodass ich wie ein Hungriger Platz für Platz und Stein für Stein umdrehte und die Sehnsüchte, die mich über zwei Jahrzehnte immer wieder plagten, stillen konnte. Es war durchgehend über 30 Grad, Sonne und das sehr gute Klima, die Luft und das Essen machten das Wohlfühlen einfach. In einem privaten Haus meines Cousins war auch viel zu tun, sowohl im Garten als auch im Haus hatten wir täglich einen strammen Zeitplan und sehr viele Aufgaben mussten erledigt werden.

14 Tage später und 10 Kilo leichter, ging es mit einem traurigen Zustand wieder nach Deutschland. Viele Orte, die ich sehen wollte, konnte oder durfte ich nicht sehen. Es schien, als würde man als jüngstes Crewmitglied nicht ernst genommen. Wir waren zu viert und planten alles zu teilen und die Bedürfnisse aller Vier zu befriedigen. Aber dies war nicht der Fall und so kam es, dass ich mit einer Wut im Bauch wieder in Deutschland ankam.

Die Luft und der Blick über das wilde Kurdistan öffneten mir die Poren. Ich hatte viel Zeit und endlich mal die Möglichkeit über mein Leben nachzudenken. Über das Erlebte, über das Erreichte und über meine Kinder und meine Frau. Und so kam ich zum Entschluss mein Leben neu zu ordnen und Stressfaktoren zu lösen. Fortan besuchte ich mindestens einmal im Jahr die alte Heimat.

Mardin, 2013

Eine Grundlegende berufliche Veränderung musste dringend her, denn ca. 10 Jahre pendelte ich zu diesem Zeitpunkt von Wallau in mein Büro nach Frankfurt, das ist eine einfache Entfernung von 110 Kilometer. Mit den Öffentlichen Verkehrsmitteln war ich somit manchmal ganze 4 Stunden nur auf dem Weg zur Arbeit und wieder zurück. Mein Job machte mir Spaß und er erfüllte mich, aber was ich lange nicht merkte oder gar abstritt war, dass die Familie hier zu kurz kam. Das hieß morgens um 5 Uhr raus und abends gegen 19 Uhr wieder heim. Essen, duschen, schlafen. Ich wusste nun, da musste sich ändern. Grundsätzlich erfüllte mich mein Job, ich hatte sehr viel Zeit und Herzblut reingesteckt, eine eigene Agentur aufgebaut neben meiner Tätigkeit in Frankfurt. Selbst an Wochenenden, an freien Tagen und an Feiertagen war meine Beschäftigung oft die Arbeit rund um die Agentur. Diese innere Blockade konnte ich auf meiner Reise in die alte Heimat lösen.

Bei der zweiten Reise in 2015 war vieles besser. Mit einem sicheren Gefühl habe ich mit meinem Cousin in 10 Tage ca. 2.000 km zurückgelegt durch das Land der Väter und Urväter. Sowohl der Flug als auch die Ankunft, das Mieten eins Fahrzeugs und auch das einchecken in ein Assyrisches Hotel in Midyat gingen uns sehr einfach von der Hand. Wie zwei in der Sahara kurz vor den verdurstenden jungen Männern ging für uns im Eiltempo voran, um wirklich jeden Stein umzudrehen, jeder Ecke, jeden Baum, jedes Haus zu sehen und die Erinnerungen fuhren im Kopf Karussell. Später sagten viele Verwandte nach meiner Rückkehr nach Deutschland, ich hätte einen Schlag abbekommen. In der Tat war es eine sehr bewegende und emotionale Erfahrung, die es innerlich endlich zuließ damit abzuschließen. Leider verstanden das viele Menschen in meiner Umgebung nicht und ich sank schnell in eine depressive und unverstandene Zeit.

Wir hatten dort alle Dörfer besucht und dies auf Handy festgehalten für die Nachwelt. Diese kann man über meinen YouTube Channel in aller Farbenpracht bewundern. Besonders geprägt haben mich die alten assyrischen Klöster aber auch das einfache handwerkliche Leben der Menschen dort.

Das Dorf Kefnas in Midyat, Türkei

Gefahren gab es kaum, sowohl politisch als auch Gesellschaftlich wurden wir sehr warm empfangen und behandelt. Auch dem Militär konnte man kein negatives Bild abgewinnen, obwohl man uns Wochen und Monate vorher davor gewarnt hat. Wichtig ist wie immer im Leben, wenn du nix zu verbergen hast und keine blöden Fehler machst, dann brauchst du da auch keine Angst vor Repressalien oder Ähnliches haben.

Emotionale Erlebnisse, wie der Besuch der Gräber, waren auch sicherlich Höhepunkte im negativen Sinne. Wenn man sich das anschaut wie viele dort begraben sind und wie sich die Friedhöfe ausgeweitet haben, dann begreift man erst was heißt Heimatgedanken zu hegen und dort auch unter dieser Erde begraben zu werden.

Die Gräber unserer Verwandten in Khanik, Nusaybin, Türkei

AXA Agentur Musadir Basak

Im Jahre 2003 sollte ich eine nachhaltige Entscheidung treffen, die mein Leben maßgeblich prägen würde. Ich begann meine Ausbildung beim AXA Konzern. Die Axa Gruppe (Eigenschreibweise: *AXA*) ist ein ursprünglich französisches, heute in 64 Ländern tätiges Versicherungsunternehmen mit Hauptsitz in Paris. Die Aktiengesellschaft versichert Privatpersonen und Unternehmen. In Deutschland firmiert sie als Axa-Konzern AG. Zeitgleich zur Ausbildung meldete ich meine eigene Agentur an und der Kundenstamm stieg rasant. Mit einigen wenigen angefangen, habe ich in Hoch-Zeiten einen Bestand von einer halben Million Kunden verwaltet und betreut. So war es auch folgerichtig, dass ich nach der Ausbildung bei der AXA blieb, aber zusätzlich zur Selbstständigkeit in den Innendienst nach Frankfurt kam. Hier wurde ich zum Topverkäufer und zu einem geschätzten Kundendienst Mitarbeiter. Im Jahre 2010 wurde ich mit dem Titel „Bester nebenberuflicher Vertreter" ausgezeichnet. Es waren einige Tausend in diesem Pool. Die Weiterentwicklung war mir aber immer sehr wichtig und so leitete ich auch zwei Projekte, die ein Bindeglied zwischen Konzernvorstand und den einzelnen Mitarbeitern darstellte. Dort wurden wir fachlich und sachlich optimal geschult. Ich war darüber erstaunt, dass man in diesen zusätzlichen Rollen die Möglichkeit hatte Veränderungen voranzutreiben und die Vorstände in persönlichen Treffen mit einbinden konnte. Man wurde ernst genommen und die Resultate der Projekte konnte man hautnah nachverfolgen. In knapp 10 Jahren habe ich dort viele Veränderungen miterlebt, Fusionen mit anderen Gesellschaften, Umstrukturierungen und Mitarbeiter, die kamen und gingen.

Auch aufgrund der Weltwirtschaftskrise sowie der Banken- und Versicherungskrise sind auch unschöne Entscheidungen getroffen worden, die mich dann dazu angeregt hatten, die AXA Frankfurt zu verlassen und mich nur noch auf meine Agentur zu konzentrieren.

AXA Fußball CUP Nürnberg

AXA Regionaldirektion in Frankenberg

Beschreibung der Finanzdienstagentur

Ich betreue und biete aus dem AXA-Portfolio seit nun 20 Jahren aus meinem Büro in Biedenkop-Wallau alle Versicherungen- und Kapitalangelegenheiten an sowie Rechtschutz, Industrie- und Gewerbeversicherungen und im Sektor Vermögen Bausparen, Baufinanzierungen und Investmentfonds.

Agentur Musadir Basak, nach Corporate Identitiy

<u>IHK Registrierungsnummer</u>
D-KNSA-JA3DP-06, Gebundener Versicherungsvertreter (§34d Abs. 4 GewO)
Das Gewerbe ist bei der zuständigen Behörde gemeldet.

<u>Schlichtungsstellen</u>
Versicherungsombudsmann e.V.
Postfach 080632
10006 Berlin

Ombudsmann Private Kranken- und Pflegeversicherung
Kronenstraße 13
10117 Berlin

Sportmanagement Basak

Auch hier habe ich einige Jahre nun die Tuchfühlung erfolgreich beendet und habe im Portfolio mittlerweile knapp 10 junge Athleten, die ich betreue. Das Fußballspielen und Laufen überlasse ich den Jungs, alles andere organisiere und verwalte ich. Das Ganze geschieht noch unengeltlich, aber einige Perspektivspieler werden in den nächsten Jahren sicher in den Genuss eines Profivertrags kommen. Seid also gespannt. Heute berate ich nur noch einzelne Spieler im Hintergrund. Aktive Unternehmungen in dieser Richtung sind aktuell nicht geplant, bleibe aber wie überall auch hier noch am Ball.

BASAK
SPORTMANAGEMENT ®

Soziale Arbeit

Mit dem Beginn der Flüchtlingskrise entstand auch für mich der Kontakt mit der Problematik und schnell entschied ich mich für eine Notunterkunft als Sozial-Arbeiter zu arbeiten. Hier habe ich auch wahnsinnig viel gelernt, viel Elend gesehen. Traurige aber auch schöne und lustige Momente erlebt.

Vorne Weg sollte man wissen, dass vier Gruppen auf der Flucht waren, Iraker (Araber und Eziden), Afghanen, Syrer und Afrikaner. In Hochzeiten hatten wir nun mit ca. 500 Menschen zu tun gehabt, denen man die ersten Schritte in Deutschland und in der Unterkunft zeigte.

Das traurige war mit Sicherheit die Erkenntnis, dass viele von ihnen in meinen Augen keine Flüchtlinge waren. Es waren viele sehr radikale Menschen dabei, dadurch hatte man nahezu täglich Konflikte innerhalb der Einrichtung. Und die Undankbarkeit und die Gier nach materiellem waren für mich nicht zu begreifen. Waren es denn nun Flüchtlinge, die um ihr Leben flohen? Oder waren es Wirtschaftsflüchtlinge, die ein besseres Leben in der Fremde suchten? Diese Fragen stelle ich mir oft.

Wenn man bedenkt, dass ein Flüchtling durch ca. 12 Länder gereist ist bis er Deutschland erreicht hat, dann bestätigt sich mir dieser Zweifel, dass sie keine echten Flüchtlinge sind. Die echten Flüchtlinge sind in den Zelten und Camps in Syrien und Türkei und immer wieder habe ich gehört, dass sie bis zu 15.000 Dollar an ihre Schlepper gezahlt haben für die Flucht.

Es ist unbegreiflich und nicht hinnehmbar, wie sie sich über alles beschwert haben. Sie hatten ein Zimmer, sanitäre Eirichtungen, Frühstück, Mittag und Abendessen, Ärzte im Haus, einen Reinigungsdienst, ein Wäschedienst, Hygieneartikel gab es kostenlos, ein Sicherheitsdienst im

Haus, die Bezirksregierung im Haus, eine große Anzahl an Sozialarbeitern und Dolmetschern, eine Kita, eine Schule, Taschengeld und trotzdem klebten sie täglich an unserer Bürotür und hielten Ansprachen wie schlimm das in der Einrichtung war. Besonders negativ fielen die Syrer und Iraker auf. Unreife Bemerkungen, Drohungen und Auseinandersetzungen wurden zum festen Ritus. Ich habe in der Zeit fünf Morddrohungen erhalten. Der banale Grund war, dass die Afghanen sagten, ich kümmere mich um die Kurden, die Kurden meinten, ich wäre nur für die Araber da und die Araber hatten immer einen Grund, da sie wussten, dass ich Yezide bin. Willkommenskultur ist eine feine Eigenschaft, aber die Ängste der Bürger waren auch berechtigt. Aus der Menge, die hier rüber schwappte, entpuppten sich viele als gewaltbereite und radikale Flüchtlinge. Selbst Terroristen waren unter ihnen. Einschüchtern habe ich mich aber nie. Die Arbeit lohnte sich wieder für die paar Menschen, die gerne diese Hilfe in Anspruch genommen haben, die traumatisiert, die froh und glücklich waren, dem Terror entkommen zu sein.

Das Arrangement endete nach ca. einem Jahr. Danach arbeitete ich beim Diakonischen Werk als soziale Fachkraft, zuständig für unbegleitet minderjährige Ausländer. Eine große Gruppe schutzbedürftiger Kinder, die ohne jegliche Begleitung unser Land erreicht haben. Das ist ein ganz anderes Arbeiten. Es bereitet mir täglich sehr viel Freude die Entwicklung der Kinder zu sehen.

Hier begleiteite ich die jungen Menschen und bereitete sie vor, Fuß zu fassen in der neuen Heimat. Die ganztägige Betreuung beinhaltet aber auch die gesamte Organisation und Tagesgestaltung der Kinder.

Hier die wesentlichen Aufgaben:

- Hilfen zur Erziehung
- Schulbesuch und Ausbildung
- Aufenthalt und Asylstatus
- Medizinische und therapeutische Versorgung
- Verwaltung und Finanzen
- Vertretung in Behördenangelegenheiten
- Freizeitgestaltung
- Sonstige Wirkungskreise

Diakonisches Werk Wittgenstein

Diakonisches Werk Wittgenstein in Bad Berleburg

Ab dem 01.10.2018 werde ich mein Studium der Sozialen Arbeiten in der Technischen Akademie Wuppertal in Bochum beginnen. Hier ein paar Infos zum Studiengang:

Ob Gemeindewesen, Stadtteilarbeit, Sozialstationen, Kinder-, Jugend- und Familienhilfe, Flüchtlingsarbeit, Sozialberatung, Gesundheitswesen oder Arbeit im Bildungs-, Kultur- und Freizeitbereich: Der neue berufsbegleitende Bachelor-Studiengang Soziale Arbeit (B.A.) vermittelt die Kompetenzen, die für die umfassenden Tätigkeiten in allen Feldern der Sozialen Arbeit qualifizieren und aufgrund der breiten Ausrichtung des Studiengangs kann im Anschluss in zahlreichen Berufs- und Handlungsfeldern dieses Wissen angewandt werden.

Das Studium umfasst dabei aktuelle sozialpolitische Themen sowie notwendiges Spezialwissen für die vielfältigen

Arbeitsbereiche. Dabei zeichnet es sich besonders durch einen hohen Praxisanteil aus. Zusätzlich stehen Theorien, Methoden, politische, rechtliche und pädagogische Grundlagen der Sozialen Arbeit im Fokus des Studiengangs. Der Erwerb von ökonomischen, organisatorischen und kommunikativen Kompetenzen runden das Studiengangsprofil ab.

Durch die Schwerpunktwahl im 6. Semester kann die berufliche Karriere individuell gelenkt werden. Folgende Schwerpunkte stehen zur Auswahl: „Soziale Arbeit mit Kindern und Jugendlichen“, „Psychosoziale Beratung und Gesundheit“ oder „Professionelle Herausforderungen in der Sozialen Arbeit durch digitale Medien“.

Der Studiengang Soziale Arbeit (B.A.) setzt sich zu ca. 75% aus Selbststudienabschnitten und zu ca. 25% aus Präsenzangeboten zusammen und ist daher ideal neben dem Beruf studierbar.

Nach erfolgreicher Beendigung des Studiums durch Bachelorarbeit und Kolloquium verleiht die DIPLOMA Hochschule den staatlich anerkannten und akkreditierten akademischen Grad.

Leider musste ich das Studium abbrechen, das es finanziell nicht tragbar war und auch ein Wechsel des Arbeitgebers anstand.

Politische Arbeit

Was mich geprägt hat, war die Ära um Hans Dietrich Genscher und Helmut Kohl Anfang der 1990er Jahre. Als die Wiedervereinigung verkündet wurde, saß ich sehr interessiert am Fernseher und verfolgte das Geschehen sehr genau. Von da an steigerte sich stetig das Interesse an Politik.

Zwei Jahre war ich der CDU beigetreten, es war eine sehr lehreiche Zeit. Ich habe sehr viele wichtige Menschen kennengelernt und mich definitiv weiterentwickelt. Aber leider sah man schnell, dass man mit der CDU nicht weiterkam, da sie in der Altersstruktur der Mitglieder sehr alt waren. Also nahm ich Kontakt zu meinen eigentlichen Favoriten auf; die FDP.

Gerne möchte ich eure Belange vertreten

Durch ein Gespräch mit Herrn Lindner war ich sofort begeistert und wurde ganz schnell aktives Mitglied. Denn mit einer kleinen Partei, die den Weg nach oben sucht, kann man definitiv mehr erreichen, als mit einer, die ganz oben steht und wo man durch zig Gremien laufen muss, bis ein Vorschlag Beachtung findet. Die Wirtschaftspolitik der FDP orientiert sich an einer liberalen und sozialen Marktwirtschaft. Einige wesentlichen Punkte der FDP sind Digitalisierung, Einwanderungsgesetz, vernünftiger Umgang mit alternativer Energie wie Windräder und Förderung von Existensgründungen und Start-ups.

Veranstaltung der FDP in Gießen und Wallau/Lahn

Damals betrieb ich noch Kommunalpolitik für die FDP und unterstützte die Landtagswahlen und die Bundestagswahlen. Aber mein erklärter Wunsch und Ziel, war es in den nächsten Jahren relativ weit zu kommen. Wichtig ist zu wissen, wer in diesem Land was verändern möchte, der etwas mitgestalten möchte, muss in eine Partei organisiert sein und die Kritik, Wünsche und Anregungen der Bürger wahrnehmen und versuchen diese umzusetzen.

Ich bin in allen bisherigen Tätigkeiten so vorgegangen, dass Transparenz der Arbeit im Vordergrund stand. Man muss die Menschen abholen und sie in die Lösung der Probleme einbinden. Ich bin für die Zukunft sehr gespannt und aufgeregt und genauso motiviert auch hier mein Bestes zu geben und vielleicht eines Tages auch in der Politik richtig Fuß zu fassen.

Eines noch zum Schluss, die Politiker werden nicht gebacken, alle fangen irgendwann ganz klein an und werden mit der Zeit das, was sie sind. Also traut euch euer Land mitzugestalten. Durch den Beitritt in eine demokratische Partei oder der Wahl einer solchen, erstickt ihr die rechtsradikalen und rechtspopulitsichen Parteien im Keim. Deutschland sollte aus seiner Geschichte gelernt haben und die Geschehnisse aus dem zweiten Weltkrieg sollten sich nie mehr wiederholen. Nachdem ich nun meine Erfahrungen in gestandnen Parteien gesammelt hatte und keine mich wirklich ernst genommen hat, habe ich mich für parteilose Politik entschieden und so bin ich auch im Jahr 2022 angetreten Bürgermeister zu werden.

Bürgermeister Kandidat Stadt Biedenkopf 18.09.2022

Hier ein Auszug meines Programms für die Bürgermeisterwahl:

Liebe Bürgerinnen und Bürger unserer Stadt Biedenkopf!
Ich will und werde SIE wieder in den Fokus rücken. Ihre Anliegen, Wünsche und auch persönliche Sorgen jederzeit ernst nehmen.
Zum Wohle von Biedenkopf lassen Sie uns GEMIENSAM, auch parteiübergreifend nach realitischen und rasch umsetzbaren Antworten auf unsere Zukunftsfragen suchen, lasen Sie uns die Stadt FIT FÜR DIE NÄCHSTE GENERATION machen. Es gilt Abwanderung durch frische Ideen und neue Angebote zu verhindern. Wir müssen die City attraktiver ausrichten. Lassen Sie uns dabei Integration fördern und fordern. Den Ukrainsichen Geflüchteten müssen wir unsere solidarische Hand reichen, daneben allen Menschen mit Migrationsgeschichte unsere Unterstützung anbieten zu Integration ohne Assimilierung. Denn wir sind alle gemeinsam Teil unserer Stadt.
Ich werde praktische, bedarfsorientierte und lebensnahe projekte fördern und umsetzen und nicht Großprojekte, die utopisch sind und enorme Mengen an Zeit und Finanzen- nur um dann im Sande zu verlaufen. Gefragt ist jetzt frisches und neues Denken und Handeln zum Wohle aller Menschen in unserem Biedenkopf! Lassen Sie uns gemeinsa Vorurteile abbauen und gemeinsam ein liebenswertes Biedekopf zum blühen bringen.
Damit das gelingen kann:
Schenken Sie mir bitte ihr Vertrauen- und Bitte am 18.09.2022 um Ihre Stimme.
Herzlichst, Ihr/Euer
Musadir Basak

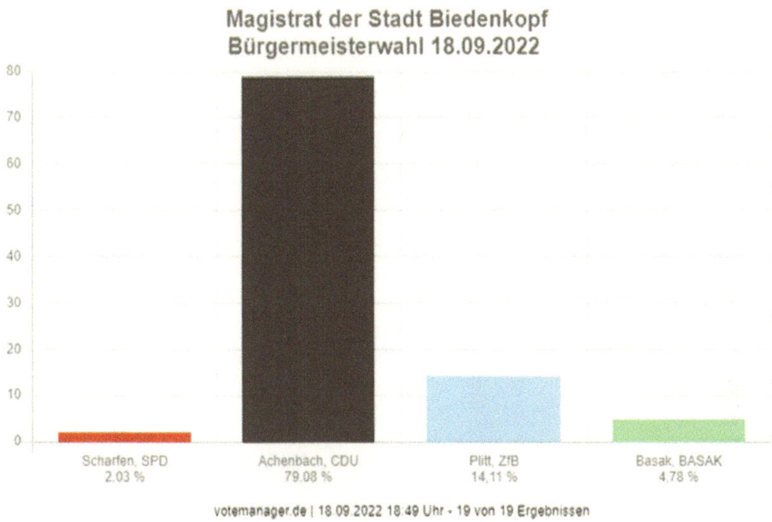

Wahlausgang / Ergebnisse

Wahlkampfplakat

Integrationskommsion der Stadt Biedenkopf

Die Integrationskommission der Stadt Biedenkopf

Die Integrations-Kommission ist eine zur dauernden Verwaltung und Beaufsichtigung eines einzelnen Geschäftsbereichs eingesetzte Kommission im Sinne des § 72. Sie besteht mindestens zur Hälfte aus sachkundigen Einwohnern, die von der Gemeindevertretung auf Vorschlag der Interessenvertretungen der Migranten gewählt werden. Für den Fall, dass Wahlvorschläge nicht in ausreichender Zahl abgegeben werden, soll die Gemeindevertretung Vorschläge machen. Für die Wählbarkeit zu dieser Personengruppe gilt § 86 Abs. 3 und Abs. 4 entsprechend.[5]Die Hälfte der Gewählten soll weiblichen Geschlechts sein. Außerdem soll bei der Wahl nach Möglichkeit die Pluralität der ausländischen Einwohner im Sinne von § 84 Satz 1 berücksichtigt werden.

Den Vorsitz der Integrations-Kommission führt der Bürgermeister (Jochen Achenbach) gemeinsam mit einem von der Personengruppe der sachkundigen Einwohner gewählten Co-Vorsitzenden (Musadir Basak).

Die Integrations-Kommission berät die Organe der Gemeinde in allen Angelegenheiten, die ausländische Einwohner betreffen. § 88 Abs. 2 gilt entsprechend.

Die Integrations-Kommission tritt mindestens viermal im Jahr zusammen und berichtet dem Gemeindevorstand und der Gemeindevertretung einmal im Jahr über den Stand der Integration der ausländischen Einwohner.

Garten und Hobbyfotografie

Seit ich denken kann beschäftige ich mit der Natur. Im Alter von 10 Jahren finge ich an bei den alten Menschen in der Nachbarschaft die Wiesen zu mähen, die Hecken zu schneiden, die Kübel zu bepflanzen. Außerdem habe ich bei allen Klimalagen die Straße gekehrt oder die Straße von Schnee befreit. So hatte ich mir immer 1 – 4 Mark verdient. Ja, richtig gehört, Deutsche Mark. Das sind heute keine 2 – 3 Euro. Aber wie überall auch hier war die Masse entscheidend und so konnte ich später einiges an Geld zusammensparen und meinen Führerschein und einige persönliche Dinge davon finanzieren.

Wenn ein Hobby zur Leidenschaft wird

Der eigentliche Antrieb war schon sehr früh aber in der Tat der freundliche Umgang mit alten Menschen und die Freude in ihren Augen, als die Arbeiten erledigt waren. Zur Fotografie kam ich später, etwa zum Start der Smartphone-Ära. Hier kann man wunderbar die Arbeit im Garten mit der Fotografie verbinden. Bei der Gartenarbeit kann ich entspannen und den beruflichen Alltag vergessen. Ich glaube meine Fingernägel sind nur im Winter richtig sauber. Den berühmten grünen Daumen muss man haben oder aber auch nicht. Oft bin ich nach der Arbeit, oder auch manchmal vor der Arbeit, im Garten und ich fange spontan an Unkraut zu zupfen oder verliere mich im Beet. Nur sollte man eventuell seine maßgeschneiderten Anzüge vorher ablegen. So habe ich mir schon einige teure Sakkos ruiniert. Da diese beiden Sachen Freizeit und Hobbies sind, entsteht dort auch kein Druck und man kann einige sehr schöne Motive ablichten und im Garten seine künstlerische Freiheit ausleben. Einer sehr schönen Grundlage bietet die herrliche Landschaft in meinem Ort für Fotografie. Malerische Landschaft umgeben von Bergen und Wäldern, durchzogen mit der Lahn. Ein echter Hingucker unsere Heimat. Ein weiterer Ausgleich für die Seele ist Musik. Hier bin ich für fast alle Genres offen, obwohl man ja sagt, wer nach allen Seiten offen ist, ist irgendwo nicht ganz dicht. Ich höre stimmungsbedingt von R´n´B über Deutsch-Rap bis kurdische und türkische Klassik-Musik alles und auch Rock und Pop dürfen nicht fehlen. Am liebsten im Auto zum mitsingen.

Brücken: Eine einfache Erfindung, um Welten zu verbinden

Ehrenamt

Aus dem Wort selbst schließt sich dies leider nicht heraus, denn meinen Erfahrungen nach wird dem Amt, dem man ohne Gehalt innehält, keine Ehre zu teil. Im Gegenteil. Ob in religiösen Gemeindehäusern, in politischen Parteien oder wie zuletzt in Fördervereine oder jetzt in der Integrationskommission, ist der Aufwand sowohl zeitlich als auch monetär enorm. Als Resultat aller ehrenamtlichen Tätigkeiten sage ich heute leider: „Finger weg!“ Wenn du noch beruflich im Saft stehst, dann kann ich wirklich leider keine Empfehlung aussprechen. Für Rentner und Arbeitslose ist das eine sehr gute Beschäftigung, die sie erfüllen kann. Wenn man, wie ich aber eh schon am Limit arbeitet und auf vielen Hochzeiten tanzt, dann gestaltet sich Ehrenamt sehr schwierig. Dort muss man auf jeden Fall die Aufgaben auf mehreren Schultern verteilen, ansonsten geht man zeitlich, finanziell und rechtlich baden. Wenn es aber eine Herzenssache ist und man es mit Überzeugung und Liebe angeht, dann kann man es auch zwischen Arbeit und Familie irgendwo noch einrichten.

Allein als Vorstandsvorsitzender eines Fördervereins für ein Freibad bin ich einige Jahre ordentlich in die „Luft“ gegangen. Ohne wirkliche Unterstützung musste das Finanzielle, die Außendarstellung und die gesamte Verwaltung abgewickelt werden. Viele Gespräche mit Unternehmen, Politikern und Investoren endeten und die mangelnde Unterstützung der Mitglieder sowie der Stadt und führten dazu, dass in unserem Dorf kein Freibad wieder ins Leben zu rufen war.

Die vielen Stunden, die ich auch mit meinem Beruf, oder besser mit der Familie, hätte verbringen können, sind heute nicht mehr rückgängig zu machen. Sie waren aber eine gute Erfahrung. Heute weiß ich nun wie bestimmte Mechanismen ineinandergreifen oder auch nicht. Wie sich eine Stadt quer stellen kann und warum ein Verein aus ca. 200 Mitgliedern kein Interesse an einem Wiederaufbau gezeigt hat. Letzteres ist ein grundsätzliches Phänomen. Frei nach dem Motto: Immer auf alles schimpfen, aber nie selber mal anpacken. Am Ende ist man sehr oft schlauer.

"Wenn Du jemandem begegnest, frage nicht nach seiner Religion und tue ihm eine gute Tat." *-Auszug aus einem Ezidischen Text-*

Damilger Bürgermeister der Stadt Biedenkopf, Herr Thiemig, stellte das Planungsbüro vor, das am und um das Freibadgelände ein Konzept auf Drängen des Fördervereins erstellen sollte; leider am Ende ergebnislos

Verein für Wiederaufbau des Dorfes Khanik / Meclisa Gunde Xanike (Projekt)

Mitglieder des Komitees

Am 21.05.2018 haben sich 25 Menschen aus dem Dorf Khanik in Bielefeld in Mala Ezidiya getroffen und ein Komitee gegründet, welches die Aufgabe hatte eine e.V. zu gründen, um die Belange des Dorfes durch ein offizielles Organ zu vertreten. Das Projekt ruht zurzeit, da die Dorfbewohner sich leider untereiander nicht auf eine derartige Gründung geeinigt haben.

Civina yekemin ji bona Tifaq û Yekitiya Gunde Xanike di 21.05.2018 li Mala Ezidia Bielefeld hat cekirin. Heyetek hat hilbijartin jibona Tifak û yekitiya Gunde xurt bikin. Birati, Yekiti, Mirovi, Tifaqi? Xaniki! Ew Proje sekinia.

Mitglieder des Komitees

Serzan Cicek, Cloppenburg
Journalist und DRK Rettungsassistent

Iskan Ak, Bielefeld
Kaufhausdetektiv und Religionsgelehrter

Halis Ak, Bielefeld
Religionsgelehrter und Dolmetscher

Sabhattin Dag, Cloppenburg
Arbeiter

Celal Sansar, Bielefeld
Artist, Musik-Studio, Musiklehrer

Sükri Yildiz, Bad Oeynhausen
Industriearbeiter

Musadir Basak, Biedenkopf-Wallau
Unternehmer/ Angestellter

Vereinslogo

Landkreis Marburg- Biedenkopf

Im beruflichen Leben wandert man bekanntlich einige male bis man sich festigt. Nun bin ich seit einigen Jahren als Angestellter beim Landkreis Marburg-Biedenkopf beschäftigt. Nach einem Jahr im Einsatz des Kreisjobcenter in Marburg bin ich seitdem in der Außenstelle in Biedenkopf „Das Mädchen für alles“. Ich gehöre dm Fachdienst Kreisliegenschaften und IT an und bin für den gesamten Service der Außenstelle in Biedenkopf zuständig. Dem Jugendamt und dem Sozialamt arbeite ich direkt zu, anderen Behörden unterstütze ich mit den Terminen, dem Publikumsverkehr und der allgemeinen Ordnung. Die Post und die Telefonie über die Zentrale laufen über mich. Der Fuhrpark wird auch von mir organisiert.
Im Besonderen werden die Kunden der Auländerbehörde von mir empfangen, richtig zugeordnet und an die Sachbearbeiter weitergeleitet.
Es ist eine sehr schöne, umfangreiche aber oft sehr stressige Tätigkeit. Man erlebt tätglich etwas neues und wird vor neuen Herausforderungen gestellt. Auch hier helfen meine Sprachkenntnisse sehr, die tägliche Flut an Flüchtlingen und Ausländer die wir hier alle nur noch Kunden nennen besser helfen zu können.
Man kann sagen, die Stelle sei perfekt auf mich zugeschnitten, daher genieße ich auch jeden Arbeitstag mit den Kunden und Kollegen und Kolleginnen.
Hier noch eine kleine Vorstellung des Landkreises Marburg-Biedenkopf.

Außenstelle der Kreisverwaltung Biedenkopf

Bundesland: Hessen, Regierungsbezirk: Gießen

Verwaltungssitz: Marburg, Einwohner: 249.684

KFZ Kennezichen: MR, BID, Kreisgliederung: 22 Gemeinden

Geographische Lage:
Der Landkreis liegt im Westen des Regierungsbezirks Gießen und grenzt im Norden an den nordhessischen Landkreis Waldeck-Frankenberg, im Nordosten an den Schwalm-Eder-Kreis, im Osten, Süden und Südwesten an die mittelhessischen Landkreise Vogelsbergkreis, Landkreis Gießen und Lahn-Dill-Kreis sowie im Westen an den nordrhein-westfälischen Kreis Siegen-Wittgenstein. Kreisstadt ist das Oberzentrum Marburg.
Das Kreisgebiet ist in seiner größten West-Ost-Ausdehnung etwa 76 Kilometer breit, in Nord-Süd-Richtung etwa 36 Kilometer.
Höchster Berg ist mit 674 m die Sackpfeife im äußersten

(Nord-)Westen bei Biedenkopf. Höchster Punkt ist dabei die Spitze des 210 m hohen Funkmastes des Senders Biedenkopf, was addiert mit der Höhenlage des Standortes eine Höhe von 868 m ergibt.
Niedrigster Punkt mit etwa 168 m ist die Lahnaue zwischen Fronhausen und Sichertshausen im Süden des Kreises an der Grenze zum Landkreis Gießen.
Die Fläche des Landkreises lässt sich folgendermaßen aufgliedern:
14,3 % oder 17.996 ha sind Siedlungs- und Verkehrsflächen, 55.489 ha oder 43,9 % der Fläche sind landwirtschaftlich genutzt.
Die Waldfläche beträgt 51.582 ha oder 40,9 %,
1.189 ha oder 0,9 % sind mit Wasser bedeckt.

Geschichte:
Im Rahmen der hessischen Kreisreform wurden zum 1. Juli 1974 die beiden Landkreise Marburg und Biedenkopf zusammen mit der kreisfreien Stadt Marburg zum neuen „Landkreis Marburg-Biedenkopf“ verschmolzen. Die Gemeinden Roth und Simmersbach aus dem Altkreis Biedenkopf wurden dabei in die Gemeinde Eschenburg im Lahn-Dill-Kreis ausgegliedert. Die Großgemeinde Bischoffen wechselte ebenfalls in den Lahn-Dill-Kreis. Die Gemeinde Braunstein (Nordeck und Winnen) wurde Teil der Stadt Allendorf (Lumda) im Landkreis Gießen.[5] (Aus der Gemeinde

Schiffelbach im Altkreis Marburg war bereits am 1. Januar 1974 ein Stadtteil von Gemünden (Wohra) im Landkreis Waldeck-Frankenberg geworden.[6]) Die Stadt Marburg wurde dabei eine der sieben Sonderstatusstädte in Hessen.
Mit der Zusammenlegung wurden zwei 350 Jahre getrennte Verwaltungs-Gebiete wieder vereinigt, die aus historischer Sicht zusammengehören. Auch naturräumlich sind der ehemaligen Landkreis Marburg und der Landkreis Biedenkopf als zusammengehörig anzusehen.
Der Raum Marburg-Biedenkopf war ehemals die trachtenreichste Region Deutschlands (z.B. Hinterländer Trachten, Marburger Trachten).

Geschichte vor 1974:
Das heutige Kreisgebiet gehörte im Laufe der Geschichte überwiegend zur Landgrafschaft Hessen, einige Gebiete auch zum erzbischöflichen Kurfürstentum Mainz. Bei der hessischen Landesteilung kam der Raum Marburg zu Hessen-Kassel, das sog. Hinterland (die Ämter Battenberg, Blankenstein, Biedenkopf, Hatzfeld und Vöhl) zu Hessen-Darmstadt. Das kurmainzische Amöneburg kam erst 1803 zu Hessen-Kassel.
1821 bildete das Kurfürstentum Hessen-Kassel die Landkreise Marburg und Kirchhain. Im Großherzogtum Hessen (Darmstadt) entstanden die Landratsbezirke Battenberg (mit Biedenkopf) und Gladenbach, welche 1832 zum Landkreis Biedenkopf vereinigt wurden. Im Jahr 1866 annektierte Preußen das Kurfürstentum Hessen und das Herzogtum Nassau, die es zur Provinz Hessen-Nassau zusammenschloss. Gleichzeitig erhielt Preußen vom Großherzogtum Hessen den Landkreis Biedenkopf, so dass

alle drei Landkreise Bestandteil der Provinz Hessen-Nassau wurden. 1929 schied die Stadt Marburg aus dem Landkreis Marburg aus und wurde kreisfrei. Drei Jahre später, 1932, wurde der Kreis Kirchhain mit dem Kreis Marburg vereinigt, ferner wurde der Kreis Biedenkopf neu gegliedert. Er verlor rund 40 % seines Gebietes an den Kreis Wetzlar, der gleichzeitig von der Rheinprovinz in die Provinz Hessen-Nassau umgegliedert wurde, und an den Landkreis Frankenberg.

Kreisverwaltung Marburg-Biedenkopf

Verwaltung

Zur Verwaltung des Landkreises ist in Marburg-Cappel das Landratsamt als Behörde eingerichtet.
Daneben sind in der ehemaligen Kreisstadt Biedenkopf und in Stadtallendorf Außenstellen des Landkreises eingerichtet. Das Landratsamt nimmt zum einen kommunale Aufgaben, aber auch Aufgaben als untere staatliche Verwaltungsbehörde wahr.
Der Kreisausschuss ist das Selbstverwaltungsorgan des Landkreises. Er bereitet außerdem Beschlüsse für den Kreistag vor und bildet Kommissionen zur Erledigung bestimmter Aufgaben. Der Kreisausschuss besteht aus 15 ehrenamtlichen Kreisbeigeordneten, die aus der Mitte des Kreistages gewählt werden, sowie zwei hauptamtlichen Mitgliedern. Dies sind der Landrat und der Erste

Kreisbeigeordnete. Während der Erste Kreisbeigeordnete ebenfalls durch den Kreistag gewählt wird, wird der Landrat direkt von den im Kreisgebiet ansässigen Bürgern gewählt.

Dem Landrat und dem Ersten Kreisbeigeordneten ist jeweils ein Dezernat zugeteilt. Diese bestehen aus verschiedenen Fachbereichen, Stabsstellen, Eigenbetrieben und Zweckverbänden.

Ahnenforschung und Sippenstruktur der Eziden, speziell der Bahnimnis

Nachfolgend zeige ich euch, mit freundlicher und fachlich exzellenter Unterstützung von Onkel Makso Cicek aus Cloppenburg und seinem Neffen Yilmaz aus Dänemark, wie Ahnenforschung am Beispiel der Bahnimnis ausschaut.

Makso Cicek, Cloppenburg

Wichtig zu erwähnen ist, dass man hier bis zu 150 – 200 Jahre zurückblicken kann. Diese Ausarbeitung wurde 2008 fertig gestellt und in 2018-2023 habe ich diese aktualisiert und ergänzt. Die Original Zusammensetzung ist auf Kurmanci verfasst, somit haben alle Interessierten nun die Möglichkeit ihre persönliche Ahnenforschung zu betreiben. Des Weiteren beschreibt mein Onkel Makso Cicek wichtige geschichtliche Ereignisse, Auseinandersetzungen, Flora und Fauna und seinen persönlichen Lebenslauf.

Destpekewe/Vorwort

Di vê serdema ku em tê da dijîn, xwendin û nivîsandin ji bo me wek nan û avê pêwîste. Ji ber ku di dîroka me da kal û bavên me ji ber nexwendinê nikarîbûn fikir û ramanên xwe, kiryar û serpêhatîyên xwe û êş û tahda ku hat serê wan rokin ser rûwê kaxezê û ji me ra hilînin û bikin mal, em jî îro nikarin zêde tiştikî li ser serdema wan bêjin, ji ber ku ew hemi tiştên wan wilo bi wan ra çûn ketin bin herdê. Hin tiştên ku hene jî bi rêya devkî heta niha hatine parastin. Di dema bav û kalên me da ew derfetên xwendinê û nivîsandinê nebûn, lê îro cihan bi pêş ketîya û tiştikî ku yek nikaribê bikê hêdî nemaye. Ku dil bixwazê yek karê gelik tiştan bikê. Divê em zêde qîmet bidin xwendin û nivîsandinê, ji ber ku xwendin xwenaskirine, pêşketine, ronahîye. Îro derfetên xwendinê jî zahvin û em tenê bi rêya xwendin û nivîsandinê karin hin tiştên bi nivîskî ji bo ronîkirina serdema me ji bo zarok, nevî û nevîçirkên xwe, ango ji bo nifşên nû ra bihêlin û bikin mal.

Wek ku tê zanîn, di nav me kurdan da nebûyîya wek adet ku yek rabê nivîsan li ser koka malbat û pismamên xwe, ango li ser dara jîyanê bi giştî binivîsê. Ev yek li Ewropa gelkî bi pêş ketîtye, lê li cem me kurdan mixabin ji ber gelik sedeman ev yek hê jî gelkî bi awayekî qelsî tê kirin.

Ji ber ku kes li ser van babetan nanivîsînê, zêde kes jî li ser pêşîyên xwe baş tiştan nizanin û ne xwedîyê agahdarîyên sedî sed rastin. Ew jî wek ku ji wan ra hatîya gotin derbasî zarokên xwe û nevîyên xwe kirine û her wekî din (hwd). Lê ji ber ku ev yek ne rokirina ser rûyê kaxezê, gelik tiştên bi devkî li gora demê tên jibîrkirin û kevin selika dîrokê a gemarê (çopê).

Berî ku dest bi vê nivîsê bikim, ez gelkî li ser van tiştan fikirîm. Ez fikirîm ku heta vê gavê jî tiştik li ser me nehatîye nivîsandin. Ez fikirîm ku em hêdî îro bi hezaran kîlometre ji welatê xwe, ji cih û warên bav û kalên xwe dûr, li Ewropa dijîn. Ev zarokên me, ku li Ewropa ji dayîk bin, van tiştên ku ez xwazim di vê nivîsê da bînim ziman, nizanin. Vêca ji bo ku Bahnimîyên me zanibin bê ma ka koka wan ji ku hatîye û çilo gûndê wan Bahnim ji destên wan derêxistin û ew kirin koçber û ji bona ku zarok û nevî û nevîçirkên me ên ku li Ewropa hatina dinyayê li ser dîroka bav û kalên xwe fêr bibin, koka xwe nas bikin û lê xwedî derkevin, zanibin ew kine û xwedî û pismamên wan kine, min jî biryar da ku vê xizmeta biçûk ji bo we Bahnimîyên hêja û bi rûmet li gor taqet û qeweta xwe, îmkan û derfetên xwe bînim cih. Bê gûman îro bi sedan Bahnimî hene. Gelik ji wan li Almanya hatine dinyayê, lê ji ber ku ez navê hemi zarokên wan nizanim, min tenê navên ku min zanîbû nivîsandine. Herwekî din heka ku min navin jî ji bîr kiribin ber li min biborin, ji ber ku ev yek ne bi nêhtik xerab hatîye kirin, lê tenê ji ber ku ev nav di dema amadekirîna vê nivîsê da nehatine bîra min.

Di pêvajoya amadekirina vê nivîsê da gelik spasîyên xwe pêşkêşî nevîyên xwe, Dilbirîn û Mazlûm û hwd. (zarokên Qedrî û Xalîdê) û hemi wan kesên ku keda wan ketîye vê nivîsê kim. Bi rastî wan jî kedik mezin dan û gelik alîkarî dan min di warê rokirina ser kaxezê da.

Herwekî din spasîyeke germ jî ji bo birazîyê min Yilmaz'ê kurê Ismet, ku wextê xwe bi serrastkirina vê nivîsê ra derbas kir, ew bi awayekî sîstematîk anî ber hev û bi vî rengê li ber destan amade kir. Yilmaz bi xwe jî li gor xwe û bi alîkarîya hin Bahnimîyên me gelik nav li hev kom kirin û li wan navên li cem min zêde kirin, lê dîsan jî hê gelik nav mayina. Hêvîdarim ku ev yek bibê wek bingehikê ji bo nifşên nû ra û ji bo wan kesên ku bixwazin di pêşerojê da wek lêkolînekê li ser heşîra Bahnimîya binivîsin û bi awayekî hê kûrtir û hê berfirehtir rayêxin ber çavan.

Kurtejîyana Makso Cicek, Lebenslauf

Ew di sala 1939'an da li gûndê Mişawilê, li Kola ji dayîk bûya. Di sala 1943'an da bavê wui Segvan, mala wan ji Mişawilê bar kir û bir gûndê Qulika. Di sala 1943 – 1944'an da bû xela. Kulih, reqik û qûmbîl ji Îraqê hatin Sûrîyê û ji Sûrîyê ber bi bakûr va hatin û tiştê şînahî nehiştin, hemi zad û çiloyê dara xwarin û bû xela; lawî teyrokê a ji banî da hatin xwar. Di sala 1945'an da bavê wui emrê xwedê kir. Di sala 1945'an da ew carik din çûn Mişawilê. Di sala 1946'an da birê wui Silêman çû hiskerîyê. Di sala 1947'an da we dîsan bar kir û çûn Qûlika. Di sala 1971 da jî wan ji Qûlika bar kir û em çûn Kemîna gûndê Dawidê Nicma. Dawidê Nicma axa bû. Di sala 1979'an da wan ji Kemîna bar kirin (ew û kûrhilîyê wui Fikret) çûn zivinga Pelaşûwê. Birê wui Silêman û zarokên wui jî çûn Gelîyê Sora. Di sala 1980'yî da jî ew hatin Xanika Şêxan. Wan mala Segvên tev da 13 dolim herd ji Nahrozê Hasanê Mala Hemzo ê Mezrî li Xanikê kirîn û me hemiçka xanî çêkirin.

Wan bexçe/bîstan çêkirin, ji wan ra gelkî xweş bû. Lê Dewleta Tirkîyê bela xwe ji wan venekir. Dewletê wan girtin û îşkence bi wan kir. Birazîyê wui Ismet û kûrhilîyê wui Fikret ji ber pirsa kurdî ji Tirkîyê mahkûm bûn. Jinbirazîya wui pîreka Ismet, jî ji ber zexta dewletê bazda û çû giha zilamê xwe. Herwekî din birazîyê wui Qedrî jî 5 salan li hepsa Dîyarbekirê da di bin îşkenca dewletê da girtî ma. Bi kurtayî gelik zext ji alîyê dewletê va li ser malbatê hat kirin. Di wê demê da her kes hat Almanya, ew jî di sala 1988'an da hatin Almanya û li gûndê Bösel, ku girêdayê Frisoythe ye, bi cih bûn. Wan di sala 2003'an da ji Bösel'ê bar kir û hatin li bajarê Cloppenburgê bi cih bûn. Heta niha jî ew her li vî bajarî mînin.

Sabrî li Hannover mînê, Yilmaz'ê kurê Ismet li Danîmarqa ye.

Herdu kûrên wui Silîm û Faro jî li bajarê Oldenburg minen.

Mala Bêkir
(Hasan Baksîka)
2 kûr û 2 keçên Segvên û Xerîbê hene: Silêman, Maqso, Ferso û Bihar.

Silêman û Xezmê
Silêman di sala 1926'an da li Bahnimê çêbûye. Navê jina wî Xezmê ya keça Hetmanê Xerîbê ji gûndê Kîwexê ye. 4 kûrên Silêmên û Xezmê hene; Sabrî, Ismet, Qadrî û Şikrî.

Sabrî û Wetfa
Kûrê mezin Sabrî di 20.02.1946'an da li gûndê Qulika hatîye dinyayê. Navê jina Sabrî Wetfa keça Cindo yê Helo ji Kîwexê ye. Kaçik û du kûrên Sabrî û Wetfa hene. Navê keça wan Şêrîn û kûrên wan jî Serdar û Serwet'in. Şêrîn ya mezina.

Ismet û Zekîye
Ismet di 07.11.1947'an da li gûndê Mişawilê ji dayik bûyîye. Navê jina Ismet Zekîye ye û ji gûndê Kîwexê ye. Navê bavê wê Nêrdewan û navê dîya wê Xedra ye. 4 kûr û çar keçên Ismet û Zekîye hene. Navê wan jî evin: Peyrûze, Yilmaz, Bahdîn, Nehîme, Lazgîn, Xerîb, Hekmîye û Dildar. Peyrûza pîreka Agîtê Ferhoyê Bino ji Kîwexê ye.

Peyrûza bûka Ferho û Biharê ya, pîreka Hagîte.

Navê jina Yilmaz Ayhan'a û keça Ferho û Biharê ye. Çar zarokên Yilmaz û Ahyan'ê hene, sê keç û kûrik. Navê wan Dilşa, Ronî, Sosin û Dilvîn in. Bihar xwiha Maqso û Silêmane.

Navê jina Bahdîn Halîye ye û keça Fikret û Rifha ye. Fikret kûrê Haçim û Zêro ye û Rifha jî keça Celalê Qaraca yê Mihokî ye. 3 zarokên Bahdîn û Halya hene, keçikik û 2 kûr, navê wan jî Nêrgiz, Kajîn û Loran.

Nehîma bûka Silîm û Sixeyra Hejîro ye. Navê zilamê Nehîme Faroq e. Çar zarokên wan hene, sê keç û kûrik. Navên wan jî Rojîn, Lorîn, Perwîn û Rênas.

Navê jina Lazgîn Gûlê ye û keça Dexîl û Fehîma ji Kîwexê ye. Du zarokên wan hene, keçik û kûrik: Nûjîn û Vejîn.

Xerîb bûka Dexîl û Fehîma ye û pîreka Zerdeşt'e. Kîwexî ne, ji mala Dendelin.
Hekmîye bûka Birahîmê Qerece ji Kîwexê ye û pîreke Skender'e. JI mala Dendelin.

Dildar kurê Ismet ê herî biçûke. Navê pîreka wî Naîle ye. Naîla keça Nezîrê Gernûsê Fermanê Havdalaye, Bahnimîye.

Qadrî û Xalîde
Qadrî di roja 01.01.1958'an da li gûndê Qulika çêbûye. Navê jina wî Xalîde ye û keça Maqsoyê Segvên e (xwedîyên van rêzikan). 2 kûr û 3 keçên wan hene; Dilbirîn 25.11.1987 li Xanikê, Mazlum di 19.03.1990 li Lastrup/Cloppenburg/Almanya, Zabîna di 31.08.1991 li Lastrup, Dîlan di 06.03.1993 li Lastrup, Zîlan di 26.08.1998 li Cloppenburg'ê çêbûne.

Navê pîreka Dilbirîn Hekmîya ye û keça Nûrîyê Silohetîyê Nemirdanî ye. Kurkî wan bi navê Rohan heye. Navê pîreka Nûrî jî Nezete (Nezo) ye û keça Haçim û Zêro ye, an go Hekmîye bûka xaltîka xwe Xalîde ye.

Şikrî û Xanim
Şikrî kurê Silêmên û Xezmê ê herî biçûke. Ew di 12.06.1965'an da li gûndê Qulika ji dayîk bûye. Navê jina wî Xanim'e û keça Hacoyê Helalê (ji mala Biro) û Narincîyê ya. Narincî keça Ûsivê Şêkir û Gulistana Nefo ye. 2 keç û 2 kurên wan hene; Paradîza, Gûlperîn, Mecnûn û Silêman û hemi jî li Almanya li bajarê Cloppenburgê hatina dinyayê.

Maqso û Zêro
3 kûr û 2 keçên wan hene. Navên kûrên wan Selîm, Faro û Şarzan û keçên wan jî Xalîde û Xalîse. Maqso di roja 01.01.1939'an da li gûndê Mişawilê li Kola ji dayik bûyîye. Zero jî di roja 04.03.1935'an da li Zoncik li ser Berhokê ra çêbûyîye. Navê bavê Zêro Xelo û navê dîya wê jî Helal bû. Navê birê wê Haco ye.

Silîm û Beylete
Kûrê Maqso û Zêro ê mezin, Silim, di 07.04.1963'an da li gûndê Qulika hatîye dinyayê. Navê jina wî Beylete ye û keça Zoro û Methîye ye. 4 keç û 2 kûrên Silim û Beyletê hene. Navên wan jî evin: Feryal, Anya, Sevim, Deniz, Dîlan û Sezer.

Faro û Menîce
Faro di roja 15.07.1965'an da li gûndê Qulika çêbûyî ye. Navê jina Faro Menice ye û keça Cemalê Qaraca û Sûrîye ye. 2 keç û 2 kûrên Faro û Menicê hene. Ya mezin Diyana, Elvis, Nesrîn û Besrîn'in.

Xalîde jî di roja 25.09.1971'da li Qulika ji dayîk bûyîye. Li jor di bin navê Qedrî û Xalîdê ra biheşîne.

Şarzan û Pakîze
Kûrê Maqso û Zêro ê herî biçûk Şarzan di 20.06.1972'an da li Qulika çêbûyîye. Navê jina Şarzan Pakîze ye û keça Şerîf û Hidê ye. Pakize bi xwe Dawidî ye û ji Xalta ye. 3 keç û 2 kûr wan hene. Navên wan Dicle, Newroz, Firat, Zelal.

Halîse û Hiseyin
Keça biçûk Halîse di 10.09.1975'an da li gûndê Kemîne çêbûyî ye. Halîse pîreka Hiseynê Nasirkî ê Bacinî ye. 2 keçên Halîsê hene û navên wan jî Malîsa û Yasemîn'in.

Farso û Melik

Farso pîreka Melik bû. Melik ji mala Nahîyet bû û mihokî bû. 2 zarokên Farso û Melik hene; Kurik û keçik; Xelef û Latîfa. Latîfa pîreka Miradê Xitîb ji Xerabîya ye. Navê pîreka Xelef jî Helale û xwiha Miradê ya, ango pêgûherîya Latîfê ya. Niha maşallah her yekî komik zarokên wan hene û li Almanya ne.

Bihar û Ferho

Bihar pîreka Ferhoyê Bino ji Kîwexê ye. Ferho ji mala Hetmêne. Ji xeynî ên ku çûyine rahmetîyê 7 zarokên Ferho û Biharê hene; Wesfîya, Rifhat, Nedîma, Hagît, Ahyan, Sîsê û Ahmed.

<u>Têbînî/Anmerkung:</u>

1. Navê bavê Xerîba Basî Koro û ê dîya wê jî Mêrem bû.
2. Segvan kûrê Xelef, Xelef kûrê Bêkir, Bekir kûrê Hadî, Hadî jî kûrê Hasan Baksîka bû. Bekir û Biro û Hevdala pismamê hevin û Bahnimî ne.
3. Di kûrên Xelef hebûn, Segvan û Silêman. Navê jina Silêmên Hadla bû û keça Ûsivê Biro bû. (biheşîne li rûpelê 29 – 30). Silêman bê dûnde çû.
4. Hêjaye gotinê ye, ku Xerîba Tanê a Şifqetî berî ku bi Xelefê Bêkir ra bizewicê pêşî bi Xelefê Mihokî ra zewicî bû û du zarokên wê bi navê Rastam û Fatûma jê hebûn. Piştî ku mêrê wê mir hêdî rabû bi Xelef ra zewicî. Ji Xelef jî Segvan û Silêman çêbûn. Em mala Segvên hemi ji ziryeta Xelef û Xerîba Tanê na û Fetihê Lal ê kurê Gernûsê Rastem ji Gêlî jî ji ziryeta Rastemin. Ji ber wê yekê em û Gernûs ji alîyê dê va gihin hev kûramen hev tên. Gernûs bi xwe a bû birazîyê Segvanê bavê me, lê ji ber ku bi hemrê xwedê ji me mezintir bû, maj ê ra got amo. Zarokên me û Fetehê Lal bin kûrê kûrame.

Mala Biro
(Xeyala)

Xelo û Helal
2 zarokên Xelo û Helalê hene; Zêro û Haco.

Haco û Narincî
Haco di sala 1937 da li zivinga Pelaşoyê hatîya dinyayê. Navê jina Haco Narincî ye û keça Ûsiv û Gulîstanê ye. Zarokên Haco û Narincîyê 6 keç û 1 kûrin; Xifşê, Fahmî, Xizal, Bedrê, Xanim, Halal û Yeter. Xifşê pîreka Sebrîyê Hîsa ye. Fahmî di sala 1966 da li Xanika Şêxa çêbûye. Navê jina wî Şikrîya ye û keça Felîtê Nefo û Fatimê ye. Zarokên Fahmî 1 kûr û 2 keçin; Doxan, Destan û Derya. Xizal jina Xalisê Kevnasî, Bedrê jina Cemalê Silêmanê Ersen, Xanim jina Şikrîyê Silêmên, Halal jina Silêmanê Bacinî û Yeter jî jina Samî yê kurê Nezîrê Gernûsê Fermanê Havdala ye.

<u>**Têbînî:**</u>

1. Narincîya pîreka Haco di sala 2007'an da li Almanya li bajarê Bielefeld'ê xwe ji mala xwe da avêt xwarê û dawî li jîyana xwe anî. Sedemê xwekuştina wê jî ew bû ku hew ji ber jîyana li xerîbîyê îdare kir.
2. Haco di êvara 09.04.2009'an de, piştî mehekê di qoma de çû ser dilovanîya xwe. Piçtî mirina Narincîyê Haco ket rewşik gelkî xerab. Di roja ku xwiha wî Xizala pîreka Silohatî emrê Xwedê kir, ew li nav bexçê xwe ket û heta ku çû ser dilovanîya xwe jî her di qoma de bû. Doxtoran got ku damara mejî peqîbû û xwîn çûbû ser mejîyê wî.

Hacî
3 kurên Hacî hene; Herfat, Xelef û Xidir.

Navên zarokên Herfêt: 4 kûrên Herfêt hene; Bekir, Hîdo, Xwedêda û Naîf. Li gor ku hatîye gotin çend keçên wî jî hene, lê navan nizanim.

1. Navên zarokên Bêkir: 4 kûrên Bêkir hene; Sêvdîn, Cindî û Brahîm. Navê ê çara nizanim, bes ez zanim ku yekî din jî heye. Bekir niha li Şingalê li gûndê Xanesorê mînê.
2. Navên zarokên Hîdo; 4 kûr hene, bes tenê navê kûrê wî Hasan zanim.
3. Çi zarokên Xwedêda û Naîf hebin ez pê nizanim.

Navên zarokên Xidir: 2 kûrên Xidir hene; Ilyas û Xerîbo.

1. 4 kûr û 2 keçên Ilyas hene; Miho, Mehmed, Reşo, ... Navê kûrê çara û navên herdu keçan nizanim.
2. 3 kûrên Xerîbo hene; Qawal, Xelef û Naîf. Qawal, ji zû va winda ye, saxe mirîye kes nizanê.

Navên zarokên Xelef: 5 kûr û 2 keçên Xelef hene; Qasim, Xwedêda, Şamo, Gûro, Havdala, Xanîf û Sosin. Qasim berîya 1975'an hat kuştin. Xanîf jî berîya bi 5 salan çû ser dilovanîya xwe.

1. Qasim: 2 kûrên Qasim hene; Berkat û Xwedêda.
2. Xwedêda: 2 kûr û 4 keçên Xwedêda hene; Qaso û Zîyad. Navên keçan nizanim. Tiştê ku ez pê agahdarim Xwedêda li Binxetê (Başûrê Rojava) emrê xwedê kir. Niha zarokên Xwedêda li Almanya li nêzîkî Bielefeldê mînin.
3. Şamo: 6 zarokên Şamo hene, 5 kûr û 1 keç; Ciwan, Cihad, Walî, Xelîl, Xidir û Cihan. Şamo niha li Kanada mînê.

4. Gûro: 12 zarokên Gûro hene; 7 kûr û 4 keç; Xêro, Mirad, Smaîl, Kemal, Tahsîn, Idrîs, George (Corc), Nîsan, Hadûl, Şêrîn, Gûlê û Xizal. Gûro bi xwe niha li Amerîqa mînê.
5. Havdala: Navên zarokên Havdala nizanim, lê ew bi xwe li Şingalê mînê.

Têbînî:

1. Hacî wextekî çûbû Şingalê û piştra li wir bi cih û war bû. Çima ji pismamê xwe Bahnimîyan veqetihaye û di wir ve derketîye kes nizanê. Kurên Xelef piştra ji Şingalê bazdin û li Binxetê bi cih û war bin û di dema ku Ismet û Fikret piştî înqilaba eskerî a Kenan Evren di sala 1980'yî da ji Tirkîyê mahkûm bin û binxet bin ew û zarokên Xelef li wir hev û din bînin û heta demeke dirêj jî li cem hev dimînin. Hacoyê Xelo carkê çûbû Binxetê serdana wan.
2. Ji xeynî Bekirê kûrê Herfêt, ku niha li Şingalê li gûndê Xanesorê mînê û ji xeynî vanên ku derketine dervî welêt wek Almanya, Qanada û Amerîqa, Malbata Hacî bi temamî niha li nehîya Til Hizêrê bi cih bûne. Hêjayî gotinê ya ku terorîstan di 14. Tebaxa 2007'an da li himberî Til Hizêr û Sîba Şêx Xidirê bi qamyonên bombebarkirî êrîşik komkûjîyê pêkanîbûn û di encamê da bi sedan êzîdî şehîd ketibûn, bi sedan birîndar bûbûn û bi sedan jî xanî hatibûn xera kirin. Herweha hêjayî gotinê ya ku ti agahdarî nehatine dayin ku di nav wan kesên hatine şehîd kirin da bahnimî jî hene.

Ferman û Xifşê
Zarokên Fermên û Xifşê; Sêvê, Gernûs, Romîk, Salih, Mirad û Seyran'in.

Zarokên Gernûs:
7 kûr û 3 keçên Gernûs hene; Nezîr, Mihyedîn, Derwêş, Cemal, Ferhan, Rîyad, Nûhat, Henûd, Hayat û Leyla.

1. Nezîr
   Navê pîreka Nezîr Şenê ya û keça Sixeyra Melkê ye, xwiha Haçime. 7 zarokên Nezîr û Şenê hene, 3 kûr û 4 keç; Samî, Cano, Mahmûd, Naîle, Krîstîn, Stalîn û Celîle.
   Samî zilamê Yetera keça Hacoyê Halalê ye, û Naîle jî bûka Ismete, pîreka Dildar e.
2. Mihyedîn
   Navê jina Mihyedîn Bihare û Kîwexî ye. 5 kûr û 2 keçên Mihyedîn û Biharê hene; Rûkêl, Şamal, Hiznî, Ronî, Rodî, Kladîye û Rûken.
3. Derwêş
   Navê jina Derwêş Sêvê ye û Mihokîye. 5 zarokên Derwêş û Sêvê hene, 3 kûr û 2 keç; Alan, Bendewar, Cemal, Rihan û Şaha.
4. Cemal
   Navê jina Cemal Xûrbeta û keça Mûsa û Nazlîyê ye. 2 kûr û keçik wan hene; Ercan, Dilcan û Nûrcan.

Hayat pîreka Xweşnavê kûrê Reşikê Maqso ji mala Hetmên ji Kîwexê ye. Leyla pîreka Kamûranê kûrê Bekoyê Xelîl ji Kîwexê ye.

<u>Têbînî:</u>
Gernûs kurê Fermên, Ferman kurê Havdala, Havdala kurê Mihamka.

Haçim û Zêro

Zarokên Haçim û Zêro 4 keç û 1 kûr hene. Kurkî wan bi navê Hemo jî emrê Xwedê kir, 2 salî bû. Ya mezin Tirkîye ye û di 10.05.1954'an da li Binxetê, Hazo di sala 1956 da li Qulika, Zemrete (Zemê) di sala 1957 da li Qulika, Fikret di 10.02.1958'an da li Qulika û Nezete (Nezo) di sala 1960 da li Qulika çêbûne.

Tirkîye pîreka Silêmanê Usivê Şêkir e, Hazo pîreka Sebrîyê Dênwanî, Zemrete pîreka Reşoyê Qerace ji Mezrê (mihokî), Nezete pîreka Nûrîyê Silohetî yê Nemirdanî.

Navê jina Fikret Rifha ye û keca Celalê Qerace û Xansa mihokîye. Zarokên Fikret û Rifha 4 keç û 2 kûrin; ya mezin Halya, Menîce, Sonya, Zeynep, Xebat û Welat.

Halya pîreka Bahdînê Ismete, Menîce pîreka Zîwerê Hiznîyê Qaraceye, Sonya pîreka Metînê Zemê û Reşoyê Qaraceye û Zeynep jî pîreka Ercanê kûrê Nezo û Nûrîyê Silohatî ye. Zîwer û Metîn herdu jî kuramên Rifha ne.

<u>**Têbînî:**</u>

1. Fikret kurê Haçim, Haçim kurê Melkê, Melkê kurê Ûsiv, Ûsiv kûrê Biro, Biro kûrê Xeyala.
2. Hacî, Haco û Ûsiv kûrên Biro ne.
3. Bekir û Biro û Havdala pismamên hevin û Bahnimîne.
4. Piştî ku Haçim emrê xwedê kir, Zêro hêdî bi Maqso ra zewicî. Biheşîne li nave Maqso û Zêro di rûpelê 6'an da.
5. Reşoyê Qaraca, zilamê Zemê di sala 1995'an da roj bi nava rojê ji alîyê cerdevanên (kurucîyan) Hawinî va ji mal birin û heta vê gavê jî tikes nizanê çi hat serê wî. Hêjayî gotinêya, ku di wê demê da bi hezaran kurd ji alîyê" hêzên tarî" va bi rêyên" faili meçhul" hatin kuştin. Li gor ku heta vê gavê hê şopa Reşo nehatîye dîtin, wilo xweyaye ku hêzên Dewleta Tirk ew jî birin û kuştin.

6. Kurkî Melkê bi navê Hamo jî hebû. Hamo du jin anîn, lê her dîsan bê dunde çû. Navên jinên wî Waso û Qutê bûn.

Mala Şihabê Polî
(Mala Mûro)

Mûro
3 jinên Mûro hebûn:

1. Pitûn; Kurkî Muro û Pitûnê bi navê Hûtî hebû. Navê jina Hûtî Qeşema Kevnasî bû û keçik wan bi navê Wansa heye.
2. Zêro; 2 kûr û 2 keçên Muro û Zêro hene; Nûrî, Şikrî, Fatim û Fersex. Navê jina Nûrî Arzana, keça Nefo û Kamla ye. Navê jina Şikrî Sîsê ye û keça Hejîro û Hecûza ye. Fatim jina Felîtê Nefo ye. Fersex jina Raşoyê Kevnasî ye.

a) Navên zaroyên Nûrî û Arzana: Nicmedîn, Nezîr, Zîwer, Xêro, Yilmaz, Nisredîn, Yuksel, Şanaz, Leyla, Sonya û Aysel.

Zarokên wan:
Nicmedîn; Kemal, Cemîl, Sabîre, Rojîn û Mûro.
Xêredîn; Turgut, Zinar, Nesrîn, Sevim û Perwîn.
Nisredîn; Emra, Bextîyar, Esîn (Esîr), Talîn û Nalîn.
Zîwer; Melîha, Medîha, Cahid, Nûhat û Melîsa.
Yuksel; Casim, Salim, Semra û Seher.
Nezîr; Attila, Yasemîn...
Yilmaz; Emel, Ronîcan, Nûrî.

b) Navên zaroyên Şikrî û Şîsê: Fahmî, Lahmî, Serhan, Hiseyîn, Zeyneb, Zêro, Talîhe, Dilber, Eyfer û Yeter.

3. Hanîfa; 2 kûr û keçik Muro û Hanîfe hene; Hiseyin, Hasan û Sêvê. Navê jina Hiseyin Gûlê ya Kevnasî bû. Navê jina Hasan Fixrî bû, keça Hejîro û Hecûza bû.

c) Navên zaroyên Hiseyin û Gûlê: Xalis, Kewkez, Xeco, Hiznîk û Hefîfe.
d) Navên zaroyên Hasan û Fixrî/Gûlê:
Hasan û Fixrî; Kazim, Ferzen, Îsmaîl, Behîya û Hayat.
Hasan û Gûlê; Îrfan, Xizal, Şerîfe û Xêrîya.

<u>Têbînî:</u>

1. Koka mala Mûro: Mûro kûrê Hiseyin, Hiseyin kûrê Hûtî, Hûtî kûrê Homo, Homo kûrê Şihabî, Şihabî kûrê Polî.
2. Fixrî pîreka Şihabê Şihêb bû. Piştî ku Nûrîyê Çeto Şihab kuşt, Hasan Fixrî mahr kir. Fixrî li Xerabşemdîna ket ber qemyonê û hat kuştin.
3. Hiseyin li Mezrê ji alîyê hisker va hat kuştin. Piştra Hasan pîreka wî Gûlê mahr kir.
4. Zeynebê li Qulika dawî li jîyana xwe anî.
5. Hêjayî gotinê ya, ku ji Mala Mûro ra herwiha Mala Pol Paşa jî tê gotin. Mala Polpaşa ji ji dema Şihabî û heta niha wek mezin û rêberên Bahnimîya hatine hesibandin.

Hejîro
Navê jina Hejîro Hacûza bû. Hacûza keça Şêkir bû û navê dîya wê jî Hadla bû. Zarokên Hajîro û Hacûza 5 keçin; Fixrî, Sîsê, Halya, Pitûn û Sixeyra. Hejîro bê dûnde bû, ango kurên wî nebûn.

Xelefê Sahdê (Mala Sahdê)
3 kûr û keçik Xalaf û Delalê hebûn: Havdê, Celo, Şihab û Latîfa. Navê jina Havdê Besna ya Xerabî ye, navê jina Celo

Zêro ya keça Nefo û Kamla ye û navê jina Şihêb jî Fixrî ya keça Hejîro bû. Latîfa pîreka Hemerê mala Çah wer ji Kîwexê ye.

Navên zaroyên Havdê; Heyto, Şikrî, Silîm, Xerîb û Xizal.
Navên zaroyên Celo; Homo, Cemal, Medenî, Xelef, Mîrze, Semîr, Behîye.
Navên kurên Şîhêb; Ahmed û Şihab. Navê Pîreka Ahmed Xanê ye û tenê navên van zarokên wan zanim; Xercîye, Mazlûm û Maqbûl. Navê pîreka Şihêb Şelma ye û keça Halya Hejîro û Şikrîyê Hasanê Hemzo ye. Tenê navên van zarokên wan zanim; Ûmîd û Tanîa.

a) Heyto di cara zewicî: Navê pîreka wî a pêşî Beyro bû û ji Kîwexê bû. Keça Fihade û ji mala Qewto ye.

2 zarokên Heyto û Beyro hene: Metîn û Mecbûre. Navê pîreka Heyto a vê talîyê jî Fixrî ye û Keça Helîkê Cimo ji Bacinê ye. Navên zarokên wan ku.
Metin û Leyla (Denvani) Zaroke wan: Diyar, Zinar, Rojin, Aylin, Besna.
Mecbura û Ziver e Nuri e Mauro Sabahatin û Samya: Zaroke warn:
Mirza, Elisa, Milan, Hamer bi Eteria Zewiciya Ezidi ji Ermenistan:
Zaroke wan: Silva, Zidan, Diego.
Zaide û Deham (Binxeti)
Mizgin û Naire (Ermenistan) Zaroke wan: Imalya, Ilhan û Raul
Xeri û Dilber (Muhoki) Zaroke wan: Heyto
Zozan
Evlin
Zarina
Sikri û Siro (Muhoki) Zaroke wan: Cetin, Emin, Yavuz, Celo û Ajda
Selim û Leyla (Efsi) Zaroke wan: Nejdet, Serdest, Ozan, Ozkan, Sahde, Özcan, Gülhat û Sonja

Xerîb pîreka Sebrîyê Efşî ye.
Xizal pîreka Mahmûdê Xayino ji Gelîyê Sora ye.

b) Homo zavê Nûrîyê Mûro ye. Navê Pîreka wî Şahnaze.
c) Navê pîreka Cemal Gûlhate û keça Hiseyinê Hûtîyê Taqî ye.
d) Navê pîreka Medenî Hefsede û keça Silêmanê Ersen û Almo ye.
e) Navê jina Xelef Leyla keça Nûrîyê Mûro ye.
f) Navê pîreka Mîrze Bihare û keca Osmanê Semawî ji Gelîyê Sora ye.
g) Navê jina Semîr Celîla keça Şemdîn û Seferîyê ya.

Têbînî:

1. Xelef kurê Sahdê, Sahdê kurê Tamo, Tamo kurê Homo, Homo kûrê Şihabî, Şihabî kûrê Polî.
2. Tiştê ku tê gotin du Homo hene. Yek ji Mala Sahdê, ku bi heslê xwe Sohanîne, û ê din jî ji Mala Pol Paşa, an go ji Mala Mûro. Ev bû nêzîkî 400 salî, ku Mala Sahdê ji Sohanê hatine nav Bahnimîya. Bavikên ku ji Sohanê hatine nav êzîdîyên cem me evin:

a) Mala Sahdê ji Bahnimê.
b) Mala Dendel ji Kîwexê.
c) Mala Xerîbo ji Gelîyê Sora.
d) Mala Baroyê Xelef ji Kevnasê.
Li gor pirtûkeke Mala Bedirxanîyan, hin ji Sohanîya di Torê da man û ên din jî bi Tahir Axayê Êzîdî ra çûn xwe li Weranşarê girtin.

Salihê Remo

Zarokên Salih û Gûlê; Naîf, Silîm, Edîb, Helîm û Hamîd. Salih kurê Ramo, Ramo kurê Xelef, Xelef kurê Homo, Homo kûrê Şihabî, Şihabî kûrê Polî.

1. Naîf: Navê pîreka Naîf Heyşana û ev zarokên wan hene; Hasan, Hiseyin, Cengizxan, Saîd, Kanîwar, Hazla, Hano, Sohad û Întîsam.
2. Silîm: Navê pîreka Silîm Sixeyra keça Hejîro û Hacûza ye. Ev zarokên Silîm û Sixeyra hene: Fûad, Faroq, Hîmad, Sened, Mazlûm, Matîas, Menar, Xizal, Marîa, Şêrîn û Hêvîn.
3. Farûq: Navê pîreka Farok Nehîma ye û keça Îsmet û Zekîya ye. Ev zarokên Faroq û Nehîma hene; Rojîn, Lorîn, Rênas û Perwîn.
4. Adîb: Navê pîreka Adîb Nefîya ye û ev zarokên wan hene; Ahmed, Xalit, Hasan, Basam, Kîfeh, Ferha, Sewsen, Hindê û Hêvîn.
5. Helîm: Navê pîreka Helîm Hîda ye. Ev zarokên Helîm û Hîda hene; Rîyad, Salih, Ciwan, Wîdat, Çeklîn (Jacklin), Selma, Hadla, Hefa û Îsra.
6. Hamîd (Himûd): Navê pîreka Hamîd Zahra ye û ev zarokên wan hene; Şihab, Hemer, Fawaz, Hayat, Roza û Cemîla.

Têbînî:

1. Ev bavik jî pismamê mala Muro ne û li Binxetê, li Xerbîya mînin. Hûtî, Tamo, Miho û Xelef her çar kurên Homo ne. Homo kurê Şihabî, Şihabî kurê Polî ê Bahnimîne.
2. Hûtîyê bapîrê Mûro (Hûtîyê bavê Hiseyin), Xelefê bapîrê Sêlih (Xelefê bavê Ramo), Mihoyê bapîrê Hejîro û Şihêb (Mihoyê bavê Herfêt) û Temoyê bapîrê Xelef (Temoyê bavê Sahdê) her çar birên hev bûn û kûrên Homo bûn.
3. Mûroyê Hiseyîn, Xelefê Sahdê, Salihê Ramo û Hejîro û Şihabê Herfêt hemi kûrê kûrama bûn. Bi gotinik din ev her çar bavik malmîratê hevin. Ji bo baştir bê fêhm kirin dêhnê xwe bas bidin dara jîyanê a Mala Pol Paşa.

Mala Mişo
(Mala Derbês)

Hiseyin û Sarê
3 kûr û keçik Hiseyin û Sarê hene; Hadla, Majdîn, Cemîl û Hantûş.

Navê jina Majdîn Qumrîk, navê bavê wê Zoro û ya dîya wê Mecîda bû. Navê jina Cemîl Xezna keça Mecîdê Şêkir û Şeyrana Cemîla ye. Navê jina Hantûş Sarê ye. Sarê keça Halo û Helîmê ye.

Majdîn û Qumrîk
Navên zarokên wan; Ferhan, Lahmî, Serwet û Fehîme, Güle û Xise

1. Ferhan u Rismiya, Zaroke wan: Serdal (2022 emre Xwede kir), Seyhan, Ergin, Diyar, Dilek u Nergiz
2. Lahmi u Esmer, Zaroke wan: Mazlum, Mahsum, Aylin
3. Servet u Gülsan, Zaroke wan: Dogan, Azad, Gülcin, Gülbehar u Gülo
4. Fehime u Habo, Zaroke wan: Hozan; Fehmi u Gülo
5. Güle u Feremez, Zaroke wan, Zerdest, Habusk.
6. Xise u Haci, Zaroke wan, Suela, Mikriya, Ismail.

Cemîl û Xezna
Navên zarokên wan; Naîf, Enbîn, Hüseyin, Hayat, Esmer, Sarî û Xûlfa

Hantûş û Sarê
Navên zarokên wan; Derbas, Ilyas, Hiseyin, Erkan, Serkan, Zeyneb, Davut, Latîfa û Gûlîstan

1. Derbas û Hayat: 4 kûr hene, Agît û Majdîn, Akim, Hadla, Dilshad u Cemil.
2. Erkan û Songül: Zarokên Erkan jî Serhat, Jiyan u Siyabend hena.

3. Serkan û Leila: Kure wan Milan u Zera

Nefo û Kamla
2 kûr û 3 keçên Nafo û Kamla hene; ya mezin Gûlîstan, Zêro, Felît, Arzana û Mûsa. Gûlîstan jina Ûsivê Şêkir, Zêro jina Celo, Arzana jina Nûrîyê Muro. Navê jina Felît Fatima keça Muro û Zêro ye û navê jina Mûsa jî Nazlî ye, keça Havdê Qewto (Micêwir) û Sarînoya xwiha Ûsivê Şêkire.

Felît û Fatim
7 zarokên Felît û Fatimê hene, 4 kûr û 3 keç; Bedrî, Qadrî, Xelef, Qinat, Narîme, Şikrîye û Sonya.

Mûsa û Nazlî
6 zaroken Mûsa û nazlîyê hene, 3 kûr û 3 keç; Ferhat, Newzed, Xêro, Xûrbet, Şewqîya û Xêrîya.

Halo û Helîm
2 kûr û 5 keçên Halo û Helîmê hene; Mizir, Hîsa, Şîro, Besê, Gûlan, Qubirsî û Sarê. Helîm a ji Taqa bû.

Navê pîreka Mizir ya pêşî Rihan bû, Rihana Basî, navê bavê wê Mehmedê Koro û navê dîya wê Pîsol bû. Piştî Rihanê emrê xwedê kir, Mizir carik din zewicî. Navê jina Mizir a biçûk Wesîla Taqî ye. Keça Halo ya mezin Şîro jina Radîfê Efşî ye, Baksîk (Besê) jina Xelefê Hasanê mala Çoxê ye, Gûlan jina Kûlîyê Taqî ye, Qubirsî jina Silo yê Bacinî ye, Sarê jina Hantûş e. Navê jina Hîsa Peyrûza ye û ji Bacinê ye, keça Derwêş û Xizalê ye.

a) Mizir û Rihan (Rihan amre xwede kir)
   6 zarokên Mizir û Rihanê hene, 2 kûr û 4 keç; Medenî, Qedrî, Hefsed (amre xwede kir), Leyla, Perû û Safîye.
b) Mizir û Wesîle

Piştî ku Rihan emrê xwedê kir, Mizir bi Wesîla Taqî ra zewicî. Li gor ku ez zanim 11 zarokên Mizir û Wesîle hene, 4 kûr û 7 keç; Ismet, Feysel, Firat, Nejet, Cihan, Ayhan, Aqîse, Dilber, Yeter û Zeyneb.
Ismet û Bilmez (Keca Sileman Dündar) Zaroke wan: Aylin, Havin û Lorin.
Firat û Sohbet (Keca Silamane Dündar) Zaroke wan: Levent..
Aqisa û Osman (Kefnasi): Zaroke wan: Mellisa û Aylena.
Feysel û Mecbura (Xalti): Zaroke wan: Dilvin, Zidan û Ezda

Nejet zewiciya
Sevda bekar
Sevim û Mahsum: Keca wan Liyan
Dilber û Bilan (kure Halike Resik): Zaroke wan: Ilhan, Orhan, Serkan, Rashid û Hevi
Zeynep û Yavuz (kure Cimo Taki): Zaroke wan: Dilara, Juan û Amara

Hîsa û Peyrûze
6 kûrên Hîsa û Peyrûze hene; Sebrî, Sarî, Siqdî, Sêvdîn, Bahrem û Celal.
Sabri û Xifse: Zaroke warn: Ilhan, Halo û Halime, Tahlihe
Sari û Jihan: Zaroke wan: Ismail, Mikael, Zinar, Cinar û Lilli
Sidqi û Xerib (keca Hazare) Zaroke wan: Akin, Anyola û Murkan, Delvan
Sevdin û Momin (Keca Ahmede Arsen) Keca wan bi nawe Jiyanda
Bahrem û Nariman (keca xelefe hüseyne Huti Taki), Zaroka wan: Emdan û Emin
Celal û Bese (Bacini) Kecik wan Ciara heya
Celal u pakize, Celal nu zewiciya

Ûsivê Şêkir û Nûrê/Gûlîstan

Zoro, Silêman û Ûsiv birên hevin û kûrên Şêkir bûn. Navê jina Zoro Mecîda bû û a şifqetî bû. 2 keçên wan hene, navê ya mezin Qumrîk, navê ya biçûk Manîre. Zarokên Silemên û Nûrê keçike. Navê wê Şêrîne û jina Sebrîyê Kîwexî ye. Piştî ku Silêman emrê xwedê kir, Ûsiv jinbira xwe Nûrê mahr kir û 2 kûrên wan hene; Zoro û Şekir. Navê jina Zoro Methîya Bacinî ye, keça Ûsiv û Çaçanê ye. Navê jina Şekir Gewrê ya Xaltî ye, keça Îsmaîl û Xizalê ye. Navên zarokên Zoro û Methîye evin: Îskan (2022 emre Xwede kir), Qasim, Erkan, Beylete, Maqbûla, Heyşan, Zayde.

Navê jina Ûsiv ya bicûk Gûlîstana keça Nafo û Kamla ye. 3 kûr û keçik Ûsiv ji Gûlîstanê hene; Narincî, Silêman, Sabrî û Haso. Narincî ya mezin bû û jina Hacoyê Helalê ye.

Navê jina Silêmên Tirkîya keça Haçim û Zêro ye. 3 kûr û 3 keçên wan hene; Mihbet, Lazgîn, Bîlmez, Fedat, Sabîre, Sohbet û Gûlabî. Navê jina Sabrî Hadîya keça Nahrozê Hasanê Hamzo ji Mezrê ye, mihokî ne. Jina Haso Hefseda keça Mizirê Halo û Rihanê ye.

Têbînî:

1. Hiseyîn, Halo û Nafo kûrên Majdîn bûn. Zoro, Silêman Û Ûsiv kûrên Şêkir bûn. Şakir û Majdîn birên hev bûn, kurên Hiseyin bûn. Hiseyin kûrê Derbas, Derbas kûrê Hiseyin û Hiseyin jî kûrê Mişo bû.
2. Gûlana dîya Nahroz, Kamla, Sitîya mala Çoxê û dîya Ûsivê Şêkir xwihê hev bûn û Şifqetî bûn.
3. Zoroyê Ûsiv di roja 23'ê Tebaxa 2008'an da li bajarê Bielefeld'ê ji ber krîza dil jîyana xwe ji dest da.

Mala Cano
(Mala Haçkê û Hasan)

Xelef û Gûlan

Xelef kûrê Abûzêdê Miradê ye. 5 zarokên Abûzêd hebûn; Xelef, Nazo, Nûrê, Bedrê û Xeco.

Navê dîya wan Xezmê ya Mihokî bû. Ji Mala Hemerkê bû û metika Melikê bavê Xelef û Latîfê ye. Melik ji mala Nahîyete.

Navê pîreka Xelef Gûlan bû û keça Hasan û Sitiyê bû. 2 zarokên Xelef û Gûlanê hebûn; Xelef û Xansa.

Xelef û Wansa
Xelef kûrê Xelefe. Navê jina Xelef Wansa bû. Wansa keça Hûtîyê Mûro ye. Navê dîya wê Qeşema Kevnasî bû. Ev zarokên Xelef û Wansa hene; Zêdan, Silêman, Xansa, Xeco, Samî, Sonya û Gûlîstan. Hê 2 keçên din jî hene.

Têbînî:
Xelef kûrê Xelef, Xelef kurê Abûzêd, Abûzêd kûrê Miradê. Miradê û Delî birên hevin, kûrên Haçkê ne. Haçkê kûrê Bûbo, Bûbo kûrê Mihodîn, Mihodîn kûrê Cano.

Delî, Miradê, Zeytûn û Silê ev her çar pismamê hevin û tev da Bahnimnîne.

Şakir û Hadla
Çar zarokên Şêkir û Hadla hene, 2 keç û 2 kûr: Mislit, Mecîd, Xerîc û Hacûza. Hadla bi xwe a Mihokî bû.

Mislit û Şêrîn
Zarokên Mislit û Şêrînê 4 kûr û 2 keçikin; Gûrgîn, Ferho, Mirad, Xelîl, Heyşan û Gûlan. Şêrîna pîreka Mislit a Nemirdanî bû.

1. Gûrgîn û Mêrdîna: Navê bavê Mêrdînê Hamarê Cengîre û nave dîya wê Zêro ye. Mêrdîn a Bahcolîye. 4 kûr û 4 kecên Gûrgîn û Mêrdînê hene; Bedrî, Hiseyîn, Hesen, Sabrî, Koçer, Bihar, Xezmê û Canê.

a) Bedrî: Jina Bedrî Sabîra keça Ferhoyê Mislite (Bahnimî – keçama wî ye). Zarokên Bedrî û Sabîrê ev hene; Danyêl, Marsêl û Marnêl.
b) Hiseyin: Jina Hiseyin, Hefîfa keça Ferhoyê Mislite (Bahnimîye – keçama wî ye). Zarokên Hiseyin û Hefîfê; Aştîxwaz, Aysel, Nivroj, Mêrxas û Gulşen.
c) Hesen: Jina Hesen Hefîfa keça Hiseynê Mûro ye (Bahnimîye).
Zarokên Hesen û Hefîfê; Nebîl, Nebîla, Vaskîn, Ronahî.
Vaskîn bi keça Mûsayê Nislîyê ê Bahcolî re zewicîye.
d) Sebrî: Jina Sebrî Sonya keça Nûrîyê Mûro ye (Bahnimîye).
Zarokên Sebrî û Sonya; Rîmon, Gulîstan, Yasmîn û Ronî.
e) Bihar: Bûka Mecîdê Şêkire.
f) Koçer: Bûka Ûsivê Erzanê ye.
g) Canê: Bûka Ferhoyê Mislite.

2. Ferho: Navê jina Ferho Hayata Dasikî a keça Sabrîyê Şemdînê Çolî û Fato ye ji Qulika. Fato bi xwe Taqî ye. Navên zarokên wan; Têlî, Mislit (Xebat), Birahîm, Azad, Ferhad, Zekî, Hefîfe, Samîye û Îlza.

a) Têlî: Jina Têlî Sonya keça Xelefe. Xelef jî kûrê Abûzêdê Miradê ye (Bahnimîye). Zarokên Têlî û Sonya; Haval, Dîlan, Gulîstan û Ciwan.
b) Mislit: Jina Mislit Hazla ye û keça Nayîfê Salihê Xelefê Remo ye (Bahnimîye). Zarokên Mislit û Hazla; Bêrîvan, Welat, Xebat, Cegerxwîn, Nîştiman, Hozan û Jaklîn.
c) Birahîm: Navê jina Birahîm Hedîye keça Birahîmê Şemdînê Çolîye (Dasikî). Zarokên Birahîm û Hedîye: Şêrîn, Nîştiman, Dilovan, Şîyar, Kiwan.
d) Azad: Navê jina Azad Canê ye û keça Gûrgînê Mislite, ango keçama wî ye. Navê zarokên wan: Ceyzîn, Cenî, Ciwana, Yulyan (Julian; Cîno) û Lorîn.

e) Ferhad: Navê jina Ferhad Sonya ye û keça Hizdînê Mihoyê Merhê ê Bahnimî ye. Navên zarokên wan: Newroz, Egît, Evîn û Hêvîn.
f) Zekî: Navê jina Zekî Nofa ye û keça Xidirê Şingalî ye ji heşîra Korkorkî. Navên zarokên wan: Samî, Îmad û Gulîzer.
g) Hefîfe: Bûka amê xwe Gûrgîne, pîreka Hiseyne.
h) Samîya: Bûka mala Heytoyê kûrê Hevdêyê Xelefê Sahdê ye.
i) Îlza: Bûka amê xwe Xelîlê Mislite, pîreka Necar e.

3. Mirad: Jina Mirad nine. Bê dûndeye.
4. Xelîl û Narîme: Narîme û Xelîl keçam û kuramê hevin. Narîme keça Mecîdê Şekire. Navên zarokên Xelîl û Narîmê: Gerbîs, Cano, Necar, Mîlad, Minas (Hiznî), Şîraz, Daxwaz, Rodîn, Nexwîn (Rojîn), Havana.

a) Gerbîs: Navê jina Gerbîs Nazilîye û êzîdîya ji Efrînê ye. Zarokên wan hê çênebûne.
b) Cano: Navê jina Cano Eprîne û keça Îskanê Taqî ye. Navên zarokên wan; Canda, Sozda, Şekir (Zorjîn) û Ahîn.
c) Necar: Navê jina Necar Îlza ye û keça Ferhoyê Mislite. Navê zarokên wan; Perîşan û Narîn.
d) Mîlad: Navê jina Mîlad Josefîn e, keça Sebrîyê Meyrê ji Xalate ye. Keçik wan bi navê Şevîn heye.
e) Şîraz: Navê jina Şîraz, Fener e keça Ferzenê Xelefê Mecîde (Bahnimî). Zarokik wan bi navê Rohan heye.
f) Daxwaz: Jina Daxwaz keça Erfatê Silê ê Nemirdanî ye.
g) Mînas: Hê nezewicîye.
h) Rodîn: Bûka Ferzenê Xelefê Mecîde.
i) Nexwîn: Bûka Kevnasîya ye li Binxetê.
j) Havana: Ji aqilê xwe ne temame û ne zewicîye.

5. Hayşan: Pîreka Haloyê Berces ji Kîwexê ye.
6. Gûlan: ?

Mecîd û Seyran: Zarokên Mecîd û Seyranê 8 kûr û 3 keçin; Navê bavê Seyranê Ferho û navê dîya wê Cemîla bû. Navê zarokên Mecîd û Seyranê evin; Xelef, Xezna, Bûbo (Brahîm), Nezîr, Hiseyin, Abûzêd, Behîye, Narîman, Edîb, Feyrezûn û Ahmed.

Halef û Besê û Hesîna: Keça Hewrên a Mihokî ji Binxetê. Navê dîya Hesîna Sitî ye. Zarokên Halef û Hasîne ninin.

Zarokên Halef û Besê: 6 zarokên Xelef û Besê hene, 3 kûr û 3 keç; Xansa, Ferzen, Oskan, Irfan, Halye, Sonya û Gûlê.

a) Ferzen: Navê pîreka Ferzen Xûlfa ye û keça Cemîl û Xezna ye.
Navên zarokên wan ewin; Aysel, Serhat, Îlhan, Fener, Ayfer, Gûlcan û Mazlûm.

1. Ilhan u Rodin: 3 zarokên Îlhan hene; Nalîn, Eylîn û Dîlara
2. Serhat u Aylin: 2 Zaroke wan hena
3. Aysel, Fener u Ayfer zewcina, Mazlum u Gülcan bekarin.

b) Ozkan: Navê pîreka Oskan a pêşî Xizala keça Ahmedê Micêwir (Havdê mala Qawto ji Kîwexê) bû. Xizalê li Almanya di encama qeza terafîqê da jîyana xwe ji dest da. Keçika wan bi navê Hêvî heye. Navê pîreka Oskan a niha jî Medîna Keça Şinêwir û Asîkê ye ji Gelîyê Sora. 3 zarokên Oskan û Medîna hene; Menekşe, Arjîn û Xanim.
c) Îrfan u Xarcixe, Bacinî ye û keçxala Îrfane. Kurikî wan bi navê Dijwar heye.

4. Hiseyîn û Nesîma: Ye, keça Xelefê Xerîbo ji Gelîyê Sora ye. Navê dîya wê Xerîya keça Heloyê Cindo ji

Kîwexê ye. Navên zarokên wan; Gûrbiz, Yavuz, Basrî, Gûlşan, Gönül û Deniz.

a) Yavuz; Kûrik heye.
b) Basrî; Kûrik heye.

5. Bûbo (Brahîm) û Bihar e: Keça Gûrgîn û Mêrdînê ye. Navên zarokên wan evin; Sebûr (emre Xwede kir), Ersîn, Adem, Bengîn û Înce.

a) Zarokên Sebûr u Zahra; Josephine, Hiznîyê û Nûhat.
b) Zarokên Ersîn; Brahîm û Loren.
c) Zarokên Adem; Elyan û Sîlas.
d) Zarokên Bengîn; Ciwan-Haçkê, Selîna, Milîna û Dêjan.

Têbînî:
Bûbo di sebata sala 1980'yî da li Almanya di encama qeza trafîqê da jîyana xwe ji dest da.

Nezîr û Xezmê: Keça Gûrgîn û Mêrdînê. Xezmê û Bihar xwihê hevin. Navên zarokên wan; Zahra, Cesûr (2001 emre Xwede kir), Orhan, Hiznî û Semîr.

a) Zarokên Orhan; Şikrî, Cesûr û Casim
b) Zarokên Hiznî; Mecîd û Noah

Abûzêd û Xatûn: le nav êzîdîyên Rûsyayê ye. Ev zarokên Abûzêd hene; Dûrsin, Zînê û Zahra.

Edîp û Qeşeme: Navê bavê wê Hetman û navê dîya wê Zêro ya Koçanî ye. Ev zarokên wan hene; Sened, Sedat, Zozan, Nêrgiz, Nûrê, Aynûr. Keçikik din jî heye, bes nav nizanim.

a. Sened: Kurikiki wî heye.

Feyrezûn û Xece: Ye û keça Xelef û Wansa ye. Navên zarokên wan evin; Seyîdxan, Mihodîn, Bûbo, Dilok, Nêrîban.

Ahmed û Baran (kefnasi): Zarokên wan: Cebar, Zerdeşt, Elîsa, Perîn û Xelat.

Xezna: Xezna ji keçan ya mezine û pîreka Cemîl e.

Narîme: Navê merê Narîmê Xelîle, Xelîlê kûrê Mislit. Ango herdu keçam û kûramên hevin.

Behîye: Behîye pîreka Cengîrê kûrê Xelefê Xerîbo ji Gelîyê Sora ye.
Behîye û Nesîma pîreka Hiseyin pêgûherîyên hevin, berdêlî ne.

Têbînî:

1. Mecîd kûrê Şêkir, Şekir û Merhê kûrên Delî, Delî û Miradê kûrên Haçkê, Haçkê û Hasan kûrên Bûbo, Bûbo kûrê Mihodîn, Mihodîn kûrê Cano.
2. Zeytûn û Silê kûrên Havdo, Havdo kûrê Hasan, Hasan û Haçkê kûrên Bûbo, Bûbo kûrê Mihodîn û Mihodîn kûrê Cano.
3. Delî û Miradê bin kûramê Havdo. Bi gotinik din Şekir û Merhê kûrên Delî ne û Zeytûn û Silê jî kûrên Havdo ne û bin kûrên kûramê hev û malmîratên hevin.

Hacûza û Hejîro Ji kereme xwe ra li banî di bin navê Hejîro ra, di rûpelê 14'an da, bihesîne

Hacûza û Hejîro
Ji kereme xwe ra li banî di bin navê Hejîro ra da, bihesîne.

Xerîc û Miho
Zarokên Miho û Xerîcê keçik û 2 kurin; Ya mezin Qumrî, ê navê Reşo ê biçûk Hizdîn. Qumrî pîreka Fendîyê Xerabîye.

Navê jina Reşo Dinyê ya Xerabî ye, xwiha Fendî ye. Jina Hizdîn Menîra Bacinî ye, keça Naîfê Cimo ye, ji Bacinê, birazîye Helîkê Cimo li Xanikê. Piştî Menîra emrê xwedê kir, Hizdîn rabû bi Ferîda Xerabî ra zewicî.

Reşo û Dinyê
zarokên wan: Derwêş, Sebrî, Silo, Nûrî, Brahîm, Zekîya, Fikrîya, Zozan, Gûlîstan û Xêrîya.

1. Derwêş û Şahrê (Mihoki): Navên zarokên wan ewin; Şikrî, Dilbirîn, Bêrîvan, Xerîc, Dîlan, Sozdar, Andrea û Karin.
2. Sabrî û Celîla (Sifkati): 4 zarokên wan hene; Firaz, Guthan, Ronî û Şêrîn.
3. Silo û Fehîma: Zarokên wan hene; Kinhan, Ozcan, Erhan, Xecîca, Nazdar, Seyran û Aylîn.
4. Nûrî û Nîsana (keça Hizdînê Miho): 3 zarokên wan hene; Cano, Jason û Dilvîn.

Hizdîn û Menîra (nesaxen9:
Navên zarokên wan; Maqbûla (emre Xwede kir), Sonya, Sûrîya û Nîsan. Maqbûla dane xerabîya, Sonya pîreka Ferhadê Ferhoyê Mislite, Sûrîya pîreka Akkanê Xelefê Hasanê mala Coxê ye û Nîsan jî pîreka Nûrîyê Reşoyê Miho ye.

Hizdîn û Ferîda: Navên zarokên wan; Hakmîya, Mecbûre, Aytan, Sitî, Zeynep û Hakîm.

Têbînî:
Miho kurê Merhê bû û Merhê û Şekir birên hev bûn, herdu kurên Delî bûn, Delî û Miradê kûrên Haçkê, Haçkê û Havdo kûrên Bûbo, Bûbo kûrê Mihodîn û Mihodîn kûrê Cano bû.

Ersen û Sarê

Keçik û kurkî Ersen û Sarê hene. Sarê bi xwe a Mihokî ye. Navê kurê wan Silêman û navê keça wan jî Cazîke. Cazîk ya mezine. Cazîk jina Hetê yê Kevnasî ye.

Silêman û Almo

Navê jina Silêmên Almo ye. 2 kûr û 4 keçên Almo hene. Navên wan; Ahmed, Cemal, Ecwan (emre Xwede kir), Xeco, Hefsed, Nazo û Naham. Ecwan emrê xwedê kirîye. Navê jina Ahmed Gêtîya ye, keça Xelefê Hesenê Çoxê û Besêya. Navê jina Cemal Bedrê ye û keça Haco û Narincîyê ye. Xeco jina Hinoka yê Mihokî ye. Hefsed pîreka Medenîyê Celo ê Bahnimî ye. Nezo pîreka Kemalê Basî ji Xalta ye. Niham jî pîreka Silîmê Xelefê Hesenê Mala Çoxê ye.

Ahmed û Gêtîya: Navên zarokên wan; Îklam, Samî, Momin, Dîyana, Nebez, Ajdar û Rojîn.

a) Zarokên Îklam: Ronîcan, Kasran
b) Zarokên Samî: Ecwan, Îmran û Sîara
c) Cemal û Bedrê: Navên zarokên wan; Gûlê, Dilşîn, Ferho, Mîran, Ronya û Narincî

Farho û Xanim

2 keçên Ferho (Kûlmiş) û Xanimê hene. Navên wan Almo û Narincî ne. Birên wan ninin. Navê bavê Xanimê Haco ye û navê dîya wê jî Himra ye.

Almo jina Silêmanê Ersene û Narincî jî jina Dembûşê Taqî ye.

Hasan û Sittî ji Mala Coxe

Navê jina Hasan Sittîye Şifqetî ye. 2 kûr û 3 keçên Hasan û Sitîyê hene. Navên kûran; Havdo û Xelef. Navên keçan; Gûlan, Zerîf û Kewîs.

Gûlan jina Xelefê Abûzêde, Zerîf jina Çato û Kewîs jî jina Nahrozê Hesenê Hemzo ji mezrê ye. Kewîs û Xezna berdeli hevin.

Havdo û Xezna:
Navê jina Havdo Xezna ye, keça Hesenê Hemzo ji Mezrê ye (mihokîne) navên zarokên wan jî: Azîz, Hamîd, Pero û Nazîya.

1. Azîz: 5 zarok hene, ji wan jî 3 jê kûrin. Zine, Hakki, Deniz, Nusret û Tanya.
2. Hamîd û Saha zaroka wan. Emin, Sevda, Sevim, Sonja, Aynur.
   Emin u Nariman (Xalti), Zaroka wan: Yezdan
   Sevim u Xalef (Xerabi), zaroke wan hena

Halef û Besê Basak

Navê jina Halef Besêya keça Halo û Helîmê ye. Selim, Getiya, Nizmî, Hasso, Koçero, Akkan, Musadir, Kadir, Songül, Necat û Sitî.

1. Selîm û Naham (Keca Silemane Ersen): Navên zarokan; Mîkaîl, Medya, Îsmaîl, Leyla û Bêrîvan û Lilli
2. Getiya û Ahmad (kure Silemane Ersen) Zaroke wan: Iklam, Sami, Nebes, Ajdar, Momin, Diana û Rojin
3. Nizmî û Zerife (Keca Ceto Xeribo): Navên zarokan; Xanê, Robîn û Ronî
4. Hasso û Meryem (Efsi): Navên zarokan; Anya, Tanya, Zahra, Lînda, Rojbîn û Yasemîn û Bawercan
5. Koçero û Maria (Kefnasi): Navên zarokan; Bedîl, Delil, Nurşan, Dîyar, Şerdar û Gülsan
6. Akkan û Suriyya (Keca Hizdine mala Merhe): Navên zarokan; Azad, Zêdan, Şêrîn û Havdo
7. Musadir û Gülistan (Keca Hantus e Derbes): 2 kûr wî bi navê Firat û Davin hene.
8. Necat û Perin (Keca Ahmede mala Delli) Zaroka wan; Samira û Lalischa û Lorin
9. Kadir bekara
10. Sittî û Ismail (Kure Sari mala Hisa). Zaroke wan: Sozdar û Damian û Semiyan
11. Songül û Erkan (Kure hantuse Derbes) Zaroka wan: Serhat, Jiyan u Siyabend

Malên li Gunde Qulika

1. Mala Segvên
2. Silêmanê Nûrê
3. Gernûsê Rastem
4. Zeynalê Seqê
5. Mislitê helîk
6. Mehmedê Koro (xaltî bû, xalê min bû)
7. Xidirê Naso
8. Hiznîyê Miho
9. Salihê Cûno
10. Havdoyê Hamdûnî
11. Şêx Hemê
12. Şêx Hasan
13. Fermanê Kor

Qolika le ber Dibistane Gund, 2013

Koka Şêxê me ê biskê / Die Wurzeln der Sheikhs

Kalo û birê xwe bi heslê xwe ji welatê Bişêrîyê ne. Navê gûndê wan Bîrika Simo ye.Beke û Tatu bire hevin, Beke li Gunde birka Simo naw xalta û Tatu le wui welate em bejin. Hesen Bege û Omer Bege bire hevin. Xweaha wan le cem Tatu. Birê Kalo hat herêma Nisêbînê nav êzîdîyên Çêlka. Ew hat cem Omer Begê.

Omer Beg bi xwe ji Mala Mîra bû. Di wê demê da qismik ji Mala Mîra a li Qelaçê Bahnimê, ango li gûndên Xanikê/Berhokê, Pîrhelîka, Binherdika û hin gûndên din da hikim kirin. Omer Beg jî serokê Mala Mîra li vê herê mê bû. Ew bi xwe şêxên şêxûbekirane.

Birê Kalo, ku navê wî nayê bîra min, zilamkî gelkî mêr û qenc bû. Omer Beg xwiha xwe lê mahr kir û gûndê Berhokê dayê. Piştî demakê Omer Beg ji mêranîya wî û ji rabûn û rûniştina zavê xwe haciz bû. Tirsiha ku zavê wî li serê wî bibê bela û destê xwe bavêjê hikimê wî. Avreşî avêtîyê û ew kuşt. Wek ev mesele hatîye gotin bêjin bê birê Kalo mala xwe kiribû şikeftika bin qesra Mala Kalo a niha ku kevê himberî Qubên Hesenbegê. Hingî ev qesra Mala Kalo li wir ne bû. Qesir piştra hat çêkirin. Bêjin bê Omer Beg çû ew di şikeftê da di ber xwiha xwe da kuşt.

Beke jî bîhîst ku Omer Beg Tato yani zawe xwe kuştîye û rabû hat ku heyfa xwe hilînê. Dibêjin rojkê wextê ku Omer Beg di gûndê Kinikê ra wê bihata mala xwe ya Irake, Beke ket çetika ber Kinikê pêşîya Omer Beg, lê ew dîtin û rabûn ew girtin. Omer Beg nexwest ku wî jî bikûjê, lê jê ra got ku min birê te kuşt ez naxwazim ku te jî bikujim. Ew û Omer Beg rabin li hev tên û Omer Beg Berhokê di dewsa xwîna birê wî da dê Beke, nawe kurê Beke Kalo a û jinbira wî jî lê mahr kê, ango xwiha xwe ku dayibû birê Beke vê carê jî da Beke.

Se kûrên Kalo çêbûn; Mîrzo, Omer û Tato. Kûrê Tato Hesen.

Ji Hesen jî ev kûr hene:

Hizêr, Fendî, Tato û Hesen.
Mirzo: Beke Süleyman û Kalo
Tatu: Hasan û Hüseyin
Omer: Ahmed bawe Yasar
Beke ji Nuri cebu, Keca wui Ferida, Jazik û Sare
Süleyman: Mirzo, Iskan, Ömer
Kalo: Skandal û Bahrike û Kec: Gülistan û Hazar
Hasan: Hezer, Tatu, Fendi, Cindi û Hasan Kec, Seyran û yeka din heya.
Hüseyin: Meferid
Omer: Ahmed, Hayafa û Hamsche û Yasar

Halis û Yüksel Ak (Yüksel keca Mihe)
Zaroke wan: Xemgin, Serivan, Gülistan û Dilyar

Yilmaz û Dayuba keca Sakir ji Binxeti
Zaroka wan: Perwin, Perin, Nurin, Talina, Roda, Gülbehar, Daria-Umud

Nuri û Necla ji Binxete
Zaroke wan: Rojda, Havin Birhat, Dilan

Beke û Merdine
Zaroke wan: Akciwan, Xelat, Xulmas, Merdan

Pîrê Êzîdîyên Çêlka / Die Kaste der Pîrs

Pîr Helî pîrê me mala Segvêne. Pîr Helî pîrê hemi êzîdîyên Çêlka ye. Pîr Helî kûrê Salihe, Salih kûrê Xelefe, Xelef kûrê Mato ye, Mato kûrê Hîsa ye, Hîsa kûrê Hibêde, Hibad kûrê Silêmane. Pîr Helî bi koka xwe ji Gelîyê Pîra ye. Gelîyê Pîra ya wane û hin ji Mezrêya Rebena jî ya wane. Gelîyê Pîra li cem Mezrika Rebena ye, kevê rohilatê Pazarê.

Di Mezrêya Rebena da bahra Mala Pîr Helî, Xelefê Qubirsîyê û Xelef û Sebrîyê Şemdîn heye. Mala Şemdîn ji Binxetê vegerihabûn û hatibûn Qûlika. Wan bahra xwe a li Mezra Rebenan firotin û dan seyîdan. Piştra misilman hino hino ketin gûnd û gûnd ji wan ra ma.

Mirîdên Pîr Helî evin: Bahnimî, Mihokî, Kîwexî, Efşî, Bacinî, Koçanî, Dênwanî, Kevnasî, Taqî û Xerabî ne.

Mala Pîr Helî bi xwe ji heşîra Dasikîya ne, lê ji nav Êzîdîyê Çêlka tenê Dasikî ne mirîdên wî ne.

Pîrên heşîra Dasikîye Mala Osmanê Xûnavê ne, li Şingalê mînin. Ew jî berê a li Bakurê Kurdistanê man, lê niha li Şingalê mînin.

Serpêhatîya Halef û Têlî / Auseinandersetzung von Halef und Teli

Ez niha xwazim wê serpêhatîye, ku bi serê Halef û Têlî da hatî, ji we ra bêjim. Di sala 1898'an da hiskerên Dewleta Osmanî ji Bahnimê Halefê Bêkir, ku bapîrê me tê, ji Kîwexê jî Têlîyê bavê Zêdê girtin û birin kirin hepsa Mêrdînê. Gûnehê wan çi bû ez nizanim, lê wek ku min bihîstîye, ez xwazim wilo jî bêjim.

Dibê piştî ku cizê wan qedihê, berê xwe din Nisêbînê. Zivistan bû, berf bû.

Di nîvê rê da Halef ji serma qutifî, hew karîbû bimeşê. Halef ji Têlî ra bêjê bê min bik Qasra Qelendera – Qasra Qelendera xerabe bû – û her Nisêbînê cem mala kirîvê me ê fileh û hewarê bigihînîyê ta bê bi min va.

Têlî bi rê ket û berê xwe da cem mala ê fileh, lê Têlî jî ji serma de qutifî. Giha cû devê derîyê ê fileh û li derîyê wan da. Wextê ê fileh derket halo kir ku zilamik wî li devê derî wî sekinîye. Ê fileh zanîbû ku ew qutifîye û ew anî hundirû. Ew kir nava nivîna û qilê û qawirme û dims keland û berda qirika wî. Berê sibî rih pê hat û stexilî. Rabû got ê fileh ku ew hatîya hewarê ji ber ku Xelefî qutifîye û wî di Qasra Qelenderan de ye.

Ji ber ku sar bû ê fileh got heta bibê sibeh. Piştra kirêvê fileh rabû qantirik û çend zilam bi xwe ra birin û çûn, lê halo kirin ku Xelefî ji serma mîrîye. Rabûn cinazê wî li qantirê kirin û anîn Nisêbînê û li wir veşartin. Kes nebû ku here wî bînê Bahnimê. Delala xwiha wî û Xerîba keça Tanê, jina wî, herdu rabûn çûn Nisêbînê cem mala kirîvê Xelef ê fileh. Yê fileh got hikûmeta ez newêrim alîkarîya we bikim. Rabû tirb şanî wan da û xwe da paş. Wan herdu pîreka bi tenê tirb vekirin û xwiha wî Delalê pişta wî şikênand û tewand û kir Têrê, tiştik pê da kirin û herduka alîkarî dan hev û bî serê xwe laşê Xelef hilgirtin anî Qûbê Hesenbegê veşartin.

2 kûrên Xelef û Xerîbê hebûn. Yê mezin Silêman û yê biçûk Segvan. Navê jina Silêmên Hadle bû. Hadle keça Ûsivê Biro bû. Silêman bê donde mir. Zarokê wî cênebûn. Jina Sagvên Xerîba Koro bû. Navê birê wê Mehmedê Basî bû.

Zarokên Segvên û Xerîbê 2 kûr û 2 keç hene; Farso, Silêman, Bihar û Maqso.

Ev serpêhatî hemi raste û wilo çêbûye.

Mesela Helîyê Dimsê û şerê Misilman û Êzîdî / Ereignis von Heliye Dimse und Auseinandersetzung zwischen Eziden und Moslems

Ez xwazim niha mesela yekî dewlemed ê xaltî li Qûlika ê bi navê Halîyê Dimsê bêjim. Helîyê Dimsê rojkê ji şivanê xwe ra bêjê îro pezê xwe mebe Bakûrdanê, lê wê dijmin mihê me bibin. Bakûrdan gûndikî xerabe bû. Şivan wek xwe kir û pez bir Bakûrdanê. Hemika û Butika yê dijmin hatin pez birin. Şivan jî rabû yek ji wan kuşt û hat li Qulika kir hawar. Êzîdî hemi çûn hawarê. Dijmin bi xwe pez bir. Qûlikîya rabû zilamê wan şewitandin. Ew jî rabûn çûn Mêrdînê gilih kirin û misilmanên mintîqê, hin ji rojhilat, Haco jî tevlî heşîra xwe ji Rojava hat û hisker ji qubla (başûr) va bi ser êzîdîyan va dagirtin. Hiskeran top li serê girê Sêrwanê danîn û top avêtin fisqînê. Sêrwan li cem Borangehê ye û kevê navbera Kemîna, Qulika, Qisirbelekê û Bazarê.

Dasikî û Bahnimî û êzîdîyên li mintîqê man bê çare. Hemi ketin newala Mitwênê. Haco tevlî heşîra xwe ket serê girê Kûrikînê li ser Xanika Şêxa ra. Abûzêdê Miradê, Hûtîyê Hiseyin û Xelefê Sahdê hersê di Mişawilê da man asê û ya xwe kirin yek û gotin ku heta ku me ne kujin em ji Mişawilê dernakevin. Bû şev. Seroxanê Mihokî ji Gelîyê Sora ji Kûrikînê xwe ji nava hawarê dizî û xwest bazdê herê Mişawilê ta bêjê Abûzêd û wan bê bazdin, lê pê hisihan û ew li cem Çalikê Pinçêr kuştin. Bû sibeh, sihet bû 9. Li Mişawilê kes nedîtin, rabûn xwe berdan bêndera. Hasanê Haco li bêndera Abûzêd kuşt, serê wî jêkirin û birin Nisêbînê ji hikûmetê ra.

Li newala Mitwênê şer çêbû. Li vir ji herdu alîyan gelik kes hatin kuştin. Êzîdîyan jî gelik ji wan kuştin û wan jî gelik ji êzîdîyan kuştin. Ji Kîwexê Hapsûno kuştin û ji Xaltîya jî gelik kuştin. Hingî bavê min û dîya min bi xwe jî di nav wî şerî de bûn.

Kelika û Dasika / Die Sippen Kelika und Dasika

2 bavikên xûrt di nav êzîdîyan de li qeza Nisêbînê hebûn. Yek jê Kelika, yek jê jî Dasika bû. Hemi bavik di Bahnimê de bûn: Bahnimî, Kîwexî, Mihokî û Efşî her çar bavik pêşî di Bahnimê de bûn.

Ji ber fermanên berê, ku çêbûn, gelik gûnd vala man, ji ber wê yekê jî her bavikek xwe li gûndikî girt û li wir bi cih û war bûn. Bavikik ji wan çû.

Kîwexê, yek ji wan çû Gelîyê Sora û yek jî çû Efşê. Tenê ev Bahnimîyên, ku îro wek heşîra Bahnimîya tên bi nav kirin, li Bahnimê man. Ev her çar bavik ji bavikê Kelika ne.

Heşîra Dasikîya / Die Sippschaft der Dasika

Bere 25 gûndên Dasika hebûn. Li gor ku ji min ra hatîye gotin navên wan ev bûn:

1-Qasirbelek, **2**-Kerdiza, **3**-Şamaxî, **4**-Bişarmirî, **5**-Sêrwan, **6**-Qûlika, **7**-Mezrê,
8-Bazar, **9**-Kûnar, **10**-Fisqîn, **11**-Mitwêna Jêrî, **12**-Mitwêna Banî, **13**-Xirbihê Cinatê,
14-Xirbihê Remê, **15**-Bedrowa, **16**-Şûşanîya Jêrî, **17**-Şûşanîya Banî, **18**-Gelîyê Kelihê, **19**-Keliha Hêtim, **20**-Gelîyê Pîra, **21**-Bêzdana, **22**-Kêrwan, **23**-Baqûrdan,
24-Kirşê, **25**-Bagilêşê

Di sala 1924'an da hiskerê Dewleta Tirk fermana axa û bega rakir. Ên ku ji xwe ra bazdan ji xwe bazdan û ên ku nikarîbûn jî di cihê xwe da man. Mezinê heşîra Dasikîya, Şemdînê Çolî, bazneda. Mala wî li zivinga Şuşanîya Jêrî bû. Xeber danê û jê re gotin ku vaye hiskerê tirk hatin wan. Miletê Şemdîn rahiştin tivingan û derketin serê çîyê. Hisker a ji bakûrê çîyê va hat. Şemdîn got dasikîya go ezê herim pêşîya qumandarê wan, heka ez kuştim hun jî dest bi şerê xwe bikin. Hisker hat,

Şemdîn çû pêşîya wan û anîn mala xwe. Hisker wê şevê li Şûşanîyê ma û tikes jî nekuştin. Roja din bi sibehê ra carik din çûn. Wextê ku Haco binxet bû, Şemdînê Çolî jî pê ra çû. Gûndên wan hemi bi xelkê man.

Şerê hereban û Dasikîya / Auseinandersetzung zwischen Araber und Dasika

Piştî ku Şemdînê Çolî binxet bû, vê carê jî berê xwe da nav êzîdîyên Çîyayê Şingalê. Ji bo ku heşîr bi silametî bigihê Çîyayê Şingalê divîbû ku rêzanik rê şanî wan bidê. Şemdîn yekî hereb dît. Rêzanê hereb ket pêşîya êla dasikîya û ew ber bi Şingalê va birin. Li serê girê Gîrbîkozê rabûn konê xwe danîn. Rêzanê wan ê hereb, ku ji heşîra Şemer bû, xayîntî bi wan ra kir û xeber da heşîra xwe. Li vegerê şemdîn halo kir ku wî bi hezar hereban ra wî ber bi wan va tê. Hereban êrîş birin ser dasikîya û di navbera wan û dasikîya da şer dest pê kir. Dasikîya wê rojê sade şerê xwe kirin, lê şensê wan nebû. Germ bû û di wê berîya wek agir da zahmet bû ji bo dasikîya ku şer bikin.

Hespikî Şemdîn hebû gelkî xûrt bû. Şemdîn baz da hawara xwe gihand êzîdîyên Şingalê û go werin, lê herebe em qelandin. Şensê dasikîya nebû. Hereba av ji ser wan girtin. Nêvî ji dasikîya ji têhna/tîbûn mirin, nîvê wan jî ji tîbûn ji hal da ketibûn û hew karîbûn tivingê bişixulînin. Dasikî şikestin û hereban malê wan talan kir û gelik keç û jinên wan birin. Ji ber wê yekê bêjin bê heta niha jî gelik ji herebên Şemer ji êzîdîyan ra bêjin xalo.

Piştî ku şemdîn giha şingalê, heşîrên şingalîyan ya xwe kirin yek û dengê xwe li hereba kirin ku bes ji Dasikîya bikujin. Wextê hereban dît ku şingalî rabûn ser xwe kuştina dasikîyan betal kirin, lê heşîrên şingalîya şêwra xwe kirin û êrîş birin ser 500 konên hereban; tevlî însanên wan, tevlî heywanên wan kuştin û şewitandin.

Mesela Haco û Mamûrê Qançorê li Bahnimê / Ereignis von Haco und Stadthalter in Bahnim

Haco qasir şand pey êzîdîya û go werin vaye mamûrê qançorê wî hatî. Hûtîyê Hiseyin, Omerê Şêx, Cindo û Hiseynê Hawikê her çar hatin Bahnimê. Halo kirin ku wî hisker li wire. Hisker tivingên wan ji wan standin. Haco çû ber Cindo sekinî û got ti giran ez sivik vaye ez hatim cem te û rahişt tivingê li ser danî û di cih da kuşt. Piştra hiskeran hersêkên din jî kuştin.

Rahmetîya dîya min Xerîb ji min ra got ku em çûn go wî ew kirine çala rohilatê pişta qesrê. Got me cenazên xwe ji wir derêxistin û anîn veşartin.

Fermana Êzîdî / Genozid an Eziden

Di sala 1920'an da hisker û misilmanên li mintîqê fermana êzîdîyan rakirin. Miletê me gotin em man bê çare. Mefera di destê wan da ma xwe li Çîyayê Bagokê girtin. Hisker çû gûndan, lê kes nedîtin. Hisker çûn şikeftê Şekrînê, lê dîsan kes nedîtin. Li wir mast, şîr û rûn hebû, hisker jî xweya bû ku birçî bûbun. Ketin ser û têr xwarin û piştra berê xwe dan Çiyayê Bagokê. Germ bû û gelkî tî bûn. Di navbera hisker û misilmanan û êzîdîyan da şer derket. Silêmanê Nemayê ê Taqî ê Salihkî tê kuştin. Êzîdîyan jî gelik ji dijmin kuştin. Qeweta wan nema û piştra rabûn çûn.

Mesela gûndê Mişawilê / Das Ereignis vom Dorf Mishawüle

Hevdilkirîmê Mala Serhên gûndê Mişawilê da me Bahnimîya, me jê kirî. Pez, dewar û perên ku me danê hemi xwarin û ne

Mişawil da me û ne jî perên me. Mişawil da misilmanên Kertwênê.

Kertwênî carkê hatin daweta Nûrîyê Mûro û Felîtê Nefo û bûn kirîvên me ên xwînê. Bahnimîya bi destê xwe malên wan anîn Mişawilê. Heta salkê jî tev da li gûnd man. Piştra ziztankê (zivistankê) Bahnimîya pezên xwe birin zivinga Pelaşûyê.

Heta miha Gûlanê li Pelaşûyê man. Piştra wextê ku malên xwe carik din anîn Mişawilê, halo kirin ku Kertwênîya wî ji Midyadê gelik mal anîne gûnd. Her xanîkî 5 mal kiribûnê.

Gûnd bi vî awayî ji destê Bahnimîya hat derêxistin. Qewete Kertwênîya zêde bû û nehiştin ku Bahnimî bikevin gûnd. Wan ev bêbextîya ha bi serê Bahnimîya da kirin.

Mesela Serhên û Bahnimê / Ereignis von Serhan und Bahnimni

Wek ku tê zanîn ji ber dilsafîya me gelik bêbextî hatine serê me. Wek mesela Bahnimîya û Kertwênîya. Lê ya herî mezin jî bêbextîya Mala Serhên a li Bahnimê bû. Wek me berîya niha jî anî ziman, berê di Bahnimê da 4 bavik hebûn, ango Bahnim a ji 4 bavikên êzîdîyan, ku hemi pismamê hev bûn û ji êla Kelika bûn, pêk hat. Navê wan jî ev bûn: Kîwexî, Mihokî, Efşî û Bahnimî. Ev hersê bavikên din ji gûnd derketin man tenê heşîra me a Bahnimîya. Mesela hatina Serhên a nav Bahnimîya û bêbextîya wî a li himberî Bahnimîya jî bi vî miqamî bû.

Serhên jinik revandibû û anîbû nav heşîra Bahnimîya. Anîbû cem mala Hiseynê Hûtî. Serhên xwe li Bahnimîya, li cihê bi bahwerî girtibû. Ew bi xwe jî wî wextî jîr bû, zane bû, qurhanxwend bû û destê wî jî li cem rayedarên hikûmeta osmanî dirêj bû. Bi alîkarîya van pêwendîyên xwe bi hikûmetê ra rê li xwe fereh kir û kesî hêdî hew karîbû jê xeber bidê. Cihê me tev da bûyûbû cihê konê Serhên hingî hewqasî bûyûbû hikimdarkî mezin. Bi vê zilimdarîya xwe Bahnim zemt kir.

Hidûdê milkê Bahnimîya a ji Havnatê, Bahnimê, Dêrpûyê û ji dîwarê Kîwexê destpê kir heta ku di çemê Girê Bîya ra derketa. Ev deşt û çîya hemi ê heşîra Bahnimîya bûn, ango serê wê a ji qeza Midyadê dest pê kir û heta ku di qeza Nisêbînê va derkete. Ev hemi Serhên bi darê zorê ji me Bahnimîya stand. Bahnimîya gelik zilm dîtin û bûn wek çîkên ser hêjik, bûn wek beqa devê mêr û bê gûnd û bê war man. Bahnimî zemankî heşîr bûn, a qenc bûn û merd bûn, û gelkî mêrxas bûn. Gelik însanan a xwe li wan girtin, lê Serhanê ku ji bo jinkê xwe li wan girtibû û xwe avêtibû bext û ojdanê namûsa wan di talîyê da ew bi xwe li wan bêbext derket û bi alîkarîya pêwendîyên xwe bi rayadarên hikûmetê ra ev hecêba kesî nedîtî anî serê heşîra Bahnimîya û ew ji cih û warê wan terk û dinya kirin û heta îro jî em bê cih û bê war kirin.

Mesela milkê Cerdo û Bêkir li Efşê / Ereignis vom Landeigentum von Cerdo und Bekir in Efshe

Ji bo ku ev mesela Milkê me Mala Bêkir li Efşê neyê ji bîr kirin û nevî û nevîçirkên me rastîyê zanibin, ez xwazim li vir vê meselê hebikî ronî bikim.

Em Mala Bêkir jî xwedîyê Efşê ne û bahra me di gûnd da heye, ango em jî xwedîyê gûnd, şikeft û hemi herd û çîyayên Efşê ne. Niha 2 bahrên me di Efşê da hene; him bahra Cerdo heye û him jî bahra Bêkir heye. Cerdo jî pêşîyê me ye û em Mala Bêkir bermayîyên wî û malmîratê wî ne.

Gelik caran hatîye gotin, ku Silêmên (Silêmanê Segvên) hemi milkê me li Efşê firotîye, lê ev yek ne raste, Silêmên tenê perçakî bi çûk ji milkê me firotîye. Mesele halo ye: Demakê, wextê ku Silêman çûbû Binxetê, ew û Mekê Şamo ê Efşî li Binxetê li hev kin û Şewlê Sinê Cerdo û xanîkik li Efşê firotibû Mekê Şamo. Tiştê ku Silêmên firotîye tenê eve. Hemi milkên din nehatîye firotin. Efşîyan jî vê talîyê di nav xwe da li hev kirin û milkên din ji xwe ra zemt kirin, lê me bi radîya dilê xwe milk nedaye tikesî.

Niha milkê me ê li Efşê ji van deran pêk tê: Li zivinga Şekrînê 2 şikeftên me û teyarik pêva girêdayî hene. Herwiha em jî wek hemi Efşîyan xwedîyê Dêrhilo û Telê ne, ango em jî şîrîkin. Bi kurtayî bahra me jî wek hemi Efşîyan di gûndê Efşê da heye, heta bahra me ji ya gelik Efşîyan jî bêtire.

Abûzêdê Geler û Derwêşê Geler – mala xwe ji Efşê anîbûn gundê Qulika. Tam nayê bîra min, an di sala 1942'an de bû an jî di sala 1943'an de bû ew çû ser dilovanîya xwe. Li gor ku jinbira min Xezmê (pîreka Silêmên) ji min re gotîye derdora 70 – 80 pezên (bizinên hît) wê hebû, kiribûn nav pezên birazîyên xwe. Piştî ku mir yekî Efşî ê bi navê Cibur banî bavê min Segvan kir û got ku hun malmîratê Cerdo ne û ew pez teslîmî bavê min kirin. Bavê min jî ew pez firot û da nexta (qelen) Xezmê.

Êrîşa Mîrê Botan a li ser Êzîdî û Filehan/Krieg vom Emir von Botan gegen Eziden und Christen

Mîrê Bota rojkê ji şêwirmendên xwe û seydayê xwe ra bahsa qeweta xwe û hikimdarîya xwe kir. Ji wan ra got ez karim Mezra Botan (Mezobotamîya) bikim hêkikê û bavêjim binê Bahra Yemenê û tikes nikarê bê çima. Ji wan pirsî ka ji min ra bêjin ez însankî halo bi hikim ezê çilo cinetê bikirim? Li ser vê pirsa wî seydayê wî bersiva wî da û got, heka ku ti êzîdîyan û filehan biqelînê ti karê cinetê jî bikirê. Aqildarên wî jî gotin xêra bike tê karibê cinetê bikirê, lê na wî rabû bîya seydayê xwe kir û bakir hersê xûlamên xwe; Ahmed, Mahmud û Mihemed. Go bakin hildêra ta li defa hawarê xin, bavê wan miribê ber kefenê wan medirûn û ber zû bên. Tamam hatin mala Mîr. Bû sibeh li defa hawarê dan. Ji bakûr û başûr (qublet) miletê misilman kişihan cem Mîr. Pêşî gihan Midihê gûndê fileha. Gûnd tev da bazda bû. Keşê gûnd tenê mabû, rabûn ew girtin. Danîn ser dêzîya çilo û agir berdanê ew şewitandin. Piştra hatin gûndê êzîdîya Kîwexê. Kîwexîya jî bazda bûn, lê Hizêrê mala Qewto girtin. Mîr got tê misilman bibê, lê Hizêr ev yek qebûl nekir û got ez misilman nabim. Mîr got bikujin. Yekî Qertmînî jî li wir hazir bû, got Mîr go mekujin ezê wî misilman bikim. Ê Qertmînî kirîvê Hizêr bû, ji Hizêr re got, go "mêrê dîya mino, hima li cem mîr bêje ez misilman û piştre go çû dîsan wek êzîdî bimîne, lê go ti nebêjê wê te bikujê". Lê Hizêr her qebul nekir. Piştre ê Qertmînî çû cem mîr û got "mîrê min wî mekujin, min ew misilman kir". Bi vî awayî Hizêr ji kuştinê xelas bû.

Hiskerê Mîr çû Bahnimê. Misilmanên qenc hebûn. Gotin Bahnimîya agirê Mîr herikê rabin ji xwe ra bazdin. Bahnimîya bazdan. Hiskerê Mîr li ber Bahnimê çadirê xwe danîn.
Mîr bakir wan go werin misilman bibin, hun neyên misilman nebin ezê sere we tev da jê kim.

Bi şev Şihabî hat nava gûnd, mûkik ji dûvê hespê jê kir, kir zîlikî qûl, bi dizî çû ber çadira Mîr. Mû kir devê ê nobedar (nobeçî), qajik (cûm/benîşt) ji devê ê nobeçî derêxist û çû bin çadira Mîr û li ber sere wî sekinî. Rahişt xencera xwe û kir balgihê (balîf) ber sere Mîr. Kîsik û Qelûna xwe danîn ber serê Mîr û xencera Mîr û kîsik û qelûna wî anîn û hat.

Sibehî wextê ku Mîr rabû ser xwe tiştikî xwe li dora xwe nedît. Bakir nobeçîyê xwe û gotîyê ma ti razabûyû, go tiştikî wilo hebê ezê te bikujim. Rabû bakir millet go werin ev çi hecêbe, ev kîye evê ku halo kirîye?

Milet jê ra got go ev Şihabîye. Mîr xeber şand ji Şihabî ra go were bextê min ji t era were ez ti tiştî bi te nakim. Şihabî hat. Mîr got ma te ew kir, Şihabî got erê. Got te karîbû ez bikûştima, lê te ez ne kuştim, te çima ez ne kuştim? Şihabî jî rabû ev bersiv da Mîr û got ku "ji ber ti Mîrê Botayî û Şahê me kurda yî, min ji ber wê yekê ti ne kuştî". Mîr jî bi vê gotina wî şa bû û ew hefû kir.

Hiskerê Mîr çû qesrika Êlînê. Mihodîn li qesrê bû. Mihodîn 3 hiskerên Mîr kuştin. Hatin cem Mîr gotin 3 ji me kuştin. Mîr got herin wî bikujin. Carik din êrîş birin ser qesrê. Vê care Mihodîn 7 din ji wan kuştin.

Mîr ji Şihabî pirsî go ev kîye. Şihabî got ew xwarzîyê mine. Mîr got bextê min û bavê min jê te ra bê ber bê ez ti tiştî pê nakim. Mihodîn hat û Mîr jî li ser soza xwe ma û ew hefû kir.

Têbînî/Anmerkung

Wek ku tê gotin Mala Bedirxanîyan di dîroka xwe da du caran êrîş birine ser êzîdî û filehan û xwestine ku wan misilman bikin. Nîmûneya herî ber bi çav êzîdîyên li gûndê Bacinê ne. Wextê ku Mîrê Bota êrîş anî ser gûnd, hemi gûndî bi zorê misilman kirin û heta di gûnd da mizgeftik (camî) jî ava kirin, lê piştî ku bi paş da vekişihan, Bacinîyan rabûn berdan melê û carik din vegerihan ser ola Êzîdatîyê. Lê hin kes jî hebûn venegerihan û wek misilman man.

Fermana Êzîdî û Mesihi / Genozid an Yeziden und Christen (Armenier 1915)

Di derdora 1902'an da dîya Ame Makso Xerîb û bavê wui Koro ji ber zilmîya misilmanan ji qeza Aro (Eruh – bi kurdî Dihê) ji gûndê Basa bazdan û çûn xwe li nav êzîdîyên Xalta gûndê Bazîwanê girtin. Ji wir jî hatin Midyadê û ji Midyadê hatin xwe li gûndê şêxan, gûndê Berhokê girtin.

Xalê dîya Ame Makso jî ji gûndê Bazîwanê bi rê ketin û wê biçûna nav êzîdîyên Çêlka, lê yekî misilman ê axa xûlamên xwe şandin pêşîya wan û xalê diya Ame Makso u 7 kes ji malbata wî li Derîyê Sorik li nêzîkî Heskîfê kuştin. Sedem, ji ber ku êzîdî bûn. Dayka Ame Makso a tim bahsa kuştina wan û fermana, ku hat serê wan, a ji me ra kir.

Di 19. Adara 1915'an da fermana filehan ji alîyê Dewleta Osmanî va rabû. Osmanê Hemer bi xwe însankî bi ola xwe misilman bû, lê axayê êzîdîyên gûndê Basa û çend gûndên filehan bû. Osmanê Hemer got êzîdîyan go em filehan teslîmî dewletê nekin. Bi vê biryara Osmanê Hemer êzîdîyan rabûn 7 gûndên filehan anîn cem xwe gûndê Basa. Osmanê Hemer emir da êzîdîyan go herin Metranê filehan ji Sêrtê birevînin. Êzîdîya çûn Metran revandin û anîn gûndê Basa cem filehên din. Bi hatine Metran ra rabûn 7 dest dahol û zirne lêdan û şahî kirin.
Hisker ji Dihê (Eruhê) bi rê ket û berê xwe da herêmê. Osmanê Hemer û êzîdî ketin girê Bara û kozik û tabî çêkirin. Hamoyê Basî got Osmanê Hemer go izna me bide em şer bikin, lê Osmanê Hemer got na û got min carkê şer bi dewletê ra kirîye ez nikarim bikim di car. Osman got taqete min nagihê ez şer bi wan ra bikim û got fileha go hun ji xwe ra bazdin û got êzîdîya jî hun jî li çare serê xwe biheşînin, ji ber ku ez hew karim hêdî tiştikî bikim, qewete min hew gihîyê. Osman bi xwe jî bazda çû Dêrhavê. Êzîdîyên Basa vegerihan gûndê xwe, heşîra xwe anîn û ji xwe ra bazdan.

Êzîdî di nav heşîra Hemer Axayê Mişara ra derbas bûn. Hemer Axa û Osmanê Hemer jî dijminên hev bûn û wextê ku êzîdî di nav heşîra wî ra derbas bûn, ew bi xwe girtî bû, lê ji hepsê xeber şandibû ji kûrê xwe ra û gotibû ku li êzîdîyan xwedî derkeve û Gûndê Hisînîyê bid wan. Wî jî xwest bi vê yekê êzîdîyan ji Osmanê Hemer qut bikê û bi xwe va girê bidê. Herçiqas ku kurê Hemer Axa pêşniyara mayinê ji êzîdîyan ra bir û got wan ezê gûndikî bidim we jî, lê êzîdî bi hev şêwirin û ev pêşnîyara wî qebûl nekirin, ji ber ku ew ji heşîra Osmanê Hemer bûn û bahwerîya wan bi Hemer Axa nahat.

Êzîdîyan berê xwe dan Findikê, gûndê Mamê Şêx. Di gûnd da qereqola hisker hebû. Hiskeran gotin hûn filehin, lê êzîdîyan gotin na em êzîdîne. Hiskeran rabûn silehên wan ji wan standin û gotin herin. Êzîdî ji wir jî çûn ber ava Hîzêl û Xabûr. Heşîra Batowa li wir bûn. Rabûn êzîdî girtin. Hêjayî gotinê ye, ku heşîra Batova û heşîra Osmanê Hemer jî dijminên hev bûn û êzîdî jî beşik ji heşîra Osmanê Hemer bûn. Ji êzîdîyan ra gotin hun filehin, lê êzîdîyan gotin na em êzîdîne. Ji wan pirsîn hun ji heşîra kê na, wan jî got em ji heşîra Osmanê Hemerin. Wan jî rabûn emrê kuştina êzîdîyan dan û gotin wan bikujin, ji berk u ew ji heşîra Osmanê Hemerin û Brahîmê Paşê kuştina. Êzîd li vir bin berqurbana dijminatîya navbera wan û Osmanê Hemer. Basî 355 însan bûn. 328 kes ji wan kuştin, tenê 27 kes ji wan xelas bûn û wan jî bazdan çûn Başûrê Kurdistanê û li wir gûndê Kelebedrê ji xwe ra ava kirin.

Mesela Êzîdî Mîrza / Die Geschichte vom dem Eziden Mirza

Piştî ku dê û bavê Êzîdî Mîrze mirin, ew û herdu birên xwe sêwî man û amê wan ew xwedî kirin. Rojkê Êzîdî Mîrze û herdu birên xwe ketin bexçên/bîstanên Mûsilîye. Mûsilîye hersê bira girtin. Gotin ê mezin go birê xwe bikûje emê te hefû bikin, lê wî qebûl nekir. Piştra gotin ê navê go ti herdu birên xwe bikûjê emê te hefû bikin, lê wî jî wek ê mezin ev yek qebûl nekir. Dor rabû giha birê herî biçûk Êzîdî Mîrze. Ewî biçûk bû û hê nezan bû. Rabû ev pêşnîyara wan qebûl kir û herdu birên xwe kuştin. Hat mal got amê xwe go wele mesela halo bû. Amê wî jî dev jê berda û zêde pê ra mijûl nebû.

Zilamik ji ser hidûdê Îranê hat Stenbolê û ji Siltan ra got ez xwazim azan bidim. Rabû bi loqata Elî Welî azan da, an go bi loqata şîhîyan. Siltan got ezê te bikûjim ev çi azane. Wî jî rabû mesele ji Siltan ra vekir û got ku wele li Îranê Îslametî nehiştine.

Li ser vê yekê Siltan got li defa hawarê xin û Siltan û hiskerê xwe çûn Tilşîhîrê gûndê fileha. Ê fileh got Siltan go ti û hiskerê xwe îşev mêvanê minin. Wê şevê heta ku bû sibeh di ber wan da çû û hat û ew xwedî kirin. Siltan ji ê fileh pirsî, go ma te ev mal çilo da hev, ê fileh got me xwarina îro hişt sibî, lê me karê îro nehişt sibî. Min bi vî awayî ev mal li hev kom kir.

Sibehî rabûn çûn Îranê, ji bakûr û başûr milet gelik gihan Siltan û meşîn. Êzîdî Mîrze û amê xwe jî rojkê li ber çemin û geyê diçinin. Li ber çêm Êzîdî Mîrze dît ku vaye hiskerên Siltan wî hatin. Rabû rahişt şûr û rima xwe, li hespa xwe siwar bû û xatirê xwe ji amê xwe xwestin û bi wan ra bi rê ket. Ket nava hisker û çû heta gihan tixûbê Îranê. Çadirên xwe vegirtin û razan.

Dibêjin ew kesên ku herdu birên wî bi destê wî dayibûn kuştin bi xwe şîhî bûn, ji ber wê yekê jî Êzîdî Mîrze hinyat ji wan girtibû û xwest li himberî şîhîyên Îranê şer bikê.

Siltan di xewna xwe da dît ku yekê bê jê daxwaza çadirik sor bikê û bêjê bê ewê wî şah fetih bikê. Şahê Îranê jî di xewna xwe da dît ku wê siwarê hespa şînik bê û hiskerê şah fetih bikê.

Sibehî Êzîdî Mîrze hat got Siltan go ez dixwazim ku ti çadirik sor bidê min, ji ber ku ez jî xwazim li himberî Îranîyan şer bikim. Siltan çadirik sor dayê û Êzîdî Mîrze bi hiskerên Siltan ra ket nava şer. Dibêjin Şahê Îranê xeber şand ji Siltan ra û got siwarê hespa şîn meşîn şer ezê gelik zêran bidim te. Êzîdî Mîrze jî got Siltan go pêşnîyara Şah qebûl meke, lê ez xwazim şerê Îranê bikim û Şah bikûjim. Dibêjin Êzîdî Mîrze şer kir û Îran fetih kir û bi paş da vegerihe. Êzîdî Mîrze vegerihe çû Musilê û ew kesên ku herdu birên wî bi destê wî dabûn kuştin koka wan qeland.

Siltan Mûsil da Êzîdî Mîrze û Tilşîhîr jî da ê fileh. Êzîdî Mîrze danheva peran da destûbirakê xwe ê axretê, ango ew kir wezîrê aborîyê. Dibêjin destûbirakê Êzîdî Mîrze piştî ku ev kar ket destê wî gelik zilm li xelkê kir. Dibêjin carkê çû cem yekî cotkar û dahwa bêşa xwe a peran, lê perên ê cotkar nebûn. Destûbirakê Êzîdî Mîrze rabû gayê wî girêdan û perçak ji pişta gayê wî jêkir û anî. Li ser vê zilma ku lê hatî kirin, ê cotkar jî rabû gayên xwe bi wî halî anîn kirin hewşa qesra Êzîdî Mîrze û şanî wî dan. Wextê ku Êzîdî Mîrze rewşa ga bi wî şiklî dît hew zanîbû ku çi ji destûbirakê xwe ra bêjê. Tiştê mefera wî ma rabû ji qahra çû hindirû û fincanik jahrê vexwar û dawî li jîyana xwe anî. Êzîdî Mîrze bi xwe mirîd bû, lê destûbirakê wî şêx bû.

Komkujîya li himberî Mala Mêşo li Kîwexê / Massenmord gegen Familie Meso in Kiwex (Magaraköy)

Berîya fermana filehan ji alîyê dewleta Osmanî va li gûndê Kîwexê komkujîkê rû da. Ev komkujîya ha ji alîyê Serhanê II.an li himberî Bavikê Şeroka, ku ji malbata Xelefê Mêşo û malbata Zêdê va a pêk hat, hat kirin. Xelefê Mêşo û birê xwe Cercur û birazîyê xwe Kato wek mezin û rêberê Bavikê Şeroka bûn. Hersê jî mêrxas bûn, bi nav û deng bûn û serê xwe ji kesî ra natewandin. Serhanê II'an a bi vê yekê ne kêfxweş bû. Di nav Kîwexîya bi xwe jî da nexweşî, xasûmî û bêtifaqî hebû.

Rojkê gayê Serhên winda bê. Serhan ji Xelefê Mêşo ra bêjê bê ma new e birîye, Xelef jî jê ra sûnd xwê û bê "bi serê bavê te kim ne me birîye". Windabûna wî gayî bû wek qolincê û ket ser dilê Serhên. Serhên got ki gayê min bibînê ew çi bixwazê ezê bidimê. Piştî vê yekê Kîwexîya rabû gotin Serhên go wele Xelefê Mêşo gayê te gûrand.

Li ser vê yekê Serhan got ber Xelefê Mêşo bê. Xelef çû cem Serhên. Serhên rabû dest bi xeberên pîs kir û got "sabav te got min gayê te nebirîye, lê vaye ji min ra hatîye gotin ku te ga gûrandîye, bextê min ji niha û pê da ne ji te ra". Xelef got min gayê te ne birîye, lê wextê dît ku Serhên dest bi xeberên pîs kir ew jî qahirî û gotinên Serhên lê vegerandin û got "ê sabav tu yî û bextê te ne ji min ra" û rabû ji qesrê derket.

Serhên rabû xeber şand ji Haco ra û go bak heşîran û fermana Mala Mêşo raka.

Di vir da hêjayî gotinê ya, ku hingî navbera Serhanê II'an û Haco (Hacoyê III'an) jî nexweş bû. Haco zavê Serhên bû. Haco keça Serhên a bi navê Peyrûza revandibû û navbera wan nexweş bû. Piştî bihevçûna di navbera Serhên û Xelefê Mêşo da firset ji Serhên ra ketîyê. Mala Mêşo bûn qurbana lihevhatina wan. Serhên got Haco go ezê te hefû bikim, lê bi şertê ku ti koka Mala Mêşo ji binîda biqelînê.
Di vê navberê da Xelefê Mêşo jî pê hisihê ku Serhên xeber şandîye ji Haco ra ta ku fermana wan rakê. Li ser vê yekê Xelefê Mêşo rabû çû Badibê cem Haco û xwest jê ra bêjê bê em bê gûnehin, me tiştik nekirîye û tiştikî wilo mekin. Lê Haco rû ne dayê û Xelefê Mêşo jî bi paş da vegeriha. Piştra Haco rabê bi xulamê xwe Gûndorê Bahcolî şêwirê, bê ka ma fikrê te li ser vê meselê çîye. Ev kuştina Mala Mêşo jî ne bi dilê Gûndor bû. Gûndor jî bê "ma ezê çi bêjim, yek çi qasî ji we ra bikê hunê di talîyê da hey bêbext derkevin û wek ya xwe bikin". Gûndor rabê mesela Xelefê Mêşo û Cercûrê birê wî di şerê navbera heşîra Hevêrka û heşîra Dekşûrîya (Devşûrî) da jê ra bêjê û bahsa fêdekarî û mêrxasîya Mala Mêşo a di ber wan da jê ra kê.

Serokê heşîra Hevêrka Hacoyê bavê Haco (Haco II'an) bû û serokê heşîra Dekşûrîya jî Cimo bû. Di vî şerî da Haco tê kuştin. Jina Haco Zeyneb jî hingî bi vî kûrê xwe Haco bi halkî bû û di qesra Mizîzexê da mayibû asê. Xelefê Mêşo û birê xwe Cercûr rabin kevin nav şer, çembera dora qesrê vala kin û kevin hundirê qesrê û Zeyneba jina Haco a bi halkî li pişta xwe kin û ji qesrê, ji nav şer xelas kin û revînin.

Wextê ku Haco ev mesele ji devê Gûndor bîhîst ma şaş. Got min ev mesele nizanîbû. Tiştê ku di destê wî da mînê rabê xulamkî ji ê xwe (hin bêjin yekî fileh û hin jî bêjin yekî êzîdî ji

Efşê) li pey Xelefê Mêşo şînê ta ku wî vegerînê, lê ê xûlam nagihê Xelef. Ew jî rabê derewan ji Haco ra kê bê wele min bakirîyê, lê got ez nayêm. Ev yek jî malûme hebikî li zora Haco çû.

Ji alîkî va Haco keça Serhên revandibû û Serhên ji bo lihevhatinê şert danîbû ber Haco ku Mala Mêşo ji kok da biqelînê û ji alîyê din va jî Mala Mêşo namûsa wan, dîya wî, ku hingî pê li halkî bû, ji nav şer xelas kiribûn. Lê ji ber zora xwezûrê xwe Serhên, Haco carik din rabû bakir heşîra û berê xwe dan Kîwexê. Wan jî di wextikî wilo da bi ser Kîwexê da dagirtin, ku Mala Mêşo hemi di beriha xwe da bûn. Pêşî Haco û heşîr man bê çare û nizanîbûn çi ji Mala Mêşo bikin, ji ber ku a ji hundirê berihê bi tivingan xwe parastin. Li ser vê yekê qey xweya bû ku hebikî hêcet jî ji Haco ra ketîyê û rabû got heşîran go werin em herin emê ji Serhên ra bêjin bê hal û mesele eve me nikarîbû wan bikujin.

Di wê navberê da, ku hazirîya xwe a ji bo vegerê kirin, Xelefê Biharê ji Kîwexê rabû ji wan ra got go werin vaye qulik wî di berihê de ye hun karin vekin û di wir ra wan bikujin. Piştî ku Xelefê Biharê qul şanî wan da hêdî rabûn qul vekirin û ji banî va dar, çilo û rêsî avêtin ser wan û 35 însanên Mala Mêşo tê da şewitandin û fetisandin. Xwarzîkî Mala Mêşo jî tebaye xalanê xwe kir û di nav wan da hat kuştin.

Vêca tiştî herî nexweş ew bû, ku vêca Hacoyê ku dîya wî bi destê Xelefê Mêşo hatî xelas kirin di talîyê da bû qatilê komkujîya Mala Mêşo. Bi awakî din Mala Mêşo bûn qurbana mêrxasîya xwe, bûn qurbana xasûmî, zikreşî û fitne û fesadîyê û lihevhatina navbera Haco û Serhên. Di kuştina Mala Mêşo da gelik lîsk hatin lîstin û mesela gûrandina gayê Serhên jî bû wek mêhnakê/hêcetkê.

Li gor hin kesan ev mesele ne li ser gayê Serhên, lê ji ber bihevçûnek di navbera Serhanê Il'an û yekî Kîwexî da çêbû.

Wek ku tê gotin Xelefê Mêşo bi ê gûndîyê (Cindoyê Çimkê, bavê Halo û Ravo) xwe ê Kîwexî ra rê cem Serhanê Il'an ta ku navçîtîyê bike. Li wir Serhan gotinên gelkî xerab ji bo ê Kîwexî ra bêjê. Ev yek jî li zora Xelefê Mêşo rê û di qesrê de bihevçûn derkevê. Li ser vê yekê Serhan emrê fermana Mala Mêşo derêxê.

Sahdoyê fileh û mesela Gûndê Kinikê / Der Christ Shado und das Ereignis vom Dorf Kinik (Bacacik Köy)

Li herêma me wek me êzîdîyan, filehên cem me jî gelik zor û zahmetî ji destê kurdên misilman ên xwenenas kişandin. Ev mesela, ku ez niha xwazim ji we ra rokim ser kaxezê, tenê nîmûneyeke. Di dîrokê da bi sedan kiryar û nîmûneyên bi vî rengî û ên hê jê dijwartir û xerabtir hatine serên van herdu olan, ola Êzîdatîyê û ola Mesîhtîyê (Filehtîyê). Demin hatin, ku van nezanan û van xwenenasan li ser navê olê kesên li pey van olan di ferman û komkûjîyan ra derbas kirin, bi darê zorê ev însan ji axa wan, ji herêmên wan, ku bi sedê salan bav û kalên wan lê jîyabûn, derêxistin û kirin koçberên bi sedê salan û bi darê zorê dest danîn ser herd û milk , gûnd û çîyayên wan. Belê ev hemi jî ji ber nezanîya wan, ji ber lîstika dijminan û ji ber kîna wan a olî a li himberî van herdu olên, ku bi hezarê salan li ser wê axê hebûna xwe berdewam kirine, ev kiryarên ha kirêt û dûrî nirxên mirovatîyê anîn serê me û em ji her tiştî mahrûm kirin û em dan ber şek û pekan. Ma gelo eve biratî, eve tahmûlîya di navbera olan da? Ma hedalet ewe ku yek rabê zorê li bira û cînarê xwe bikê û dest deynê ser gûnd û çîyayên wan? Kanî hedalet, kanî mirovatî? Ma gelo ol ne ji bona aşîtîyê, ji bona jiyanik xweş û bextewer di navbera kesên xwedî bahwerîyên cûda da hatine ser rûyê herdê? Lê kanî? Tiştê ku em bînin, û me dît her xwestine ku me tine bikin û me ji holê rakin. Ez ne li dijî ti ola me û hirmeta min ji hemi ol û bahwerîyên li dinyayê ra heye, lê li gor min divê rastî jê bê gotin. Bi hêvîya aşîtî û jîyanik bextewer ji bo nevî û nevîçirkên me di pêşerojê da.

Fermo hûn û ev mesela Sahdoyê Fileh bi hev ra.

Sahdo bi koka xwe sûryanîye, ango fileha û ji Bahnimê bû. Ji zû da ew jî li Bahnimê di nav êzîdîyan da bûn. Sahdo mirovkî gelkî dewlemend bû. Gûndê Kinikê ê wan bû. Ji ber ku Kinik li ber avê bû, rabûn biryara xwe dan û ji Bahnimê bar kirin çûn li gûndê xwe li Kinikê bi cih bûn. Zarokên Sahdo 2 kûr û 2 keç hebûn. Galo, Circîs, Şimûnî û Seydê.

Di sala 1920'an da Haco êrîş anî ser gûndê Kinikê. Pîreka Sahdo, ango dîya Circîs hingî di wî şerî da hat kuştin. Pismamkî Circîs, ku navê wî Bersawmo bû, ji Girêbîya hicûm da ser Kinikê û xwest bê hawara pismamê xwe va, lê ew li şiharê di neqeba Girêbîya û Kinikê da kuştin. Hêjayî gotinêya, ku gûndê Girêbîya bi xwe jî hingî ya filehan bû û pismamê Sahdo ew tê da bûn.

Haco û heşîrên pê ra hazirîya xwe kiribûn ku êrîşê bînin ser Kinikê. Bi şev Kekanê Kîwexî ê êzîdî xwe ji nava hawarê, ji nav heşîrên bi Haco ra dizî û xeber da filehan ta ku ji xwe ra bazdin. Bi şev hat bakûrê Dêr Seyda Kinikê ber çêm, agir pê xist û hişaret da filehan. Yekî fileh hişareta agir dît û xwe berda ber çêm cem Kekên. Ê fileh jê pirsî go çîye, ma te xêre te ev agir pêxistîye? Kekên jê ra got go zû di nav çêm ra bazdin û herin, lê sibî wê bên we hemiçka bikûjin. Li ser vê gotina Kekên hemi filehan ji gûndê Kinikê di nava çem ra bazdan û di Kêlika Legê ra çûn Binxetê/Sûrîyê.

Di sala 1938'an da Sahdoyê bavê Circîs emrê xwedê kir. Navê jina Galo Zêro ya Basibrînî ye. Navê bavê wê Paylûs (Paulus) û navê birê wê Sawmê bû.

Sahdoyê kûrê Galo û Zêro di sala 1955'an da li Binxetê (Sûrî) bê dûnde mir. Galo navê bavê xwe li kûrê xwe kiribû. Galo bi xwe jî hê di sala 1938'an da li Binxetê miribû. Qantira ber cercerê pihînik lê dabû û ew kuştibû.

Navê jina Circîs Sara bû û xwiha Galo Xelîyê bû. Zarokên Circîs û Sara kûrik û 2 keç hebûn; Gewrîyê, Hana û Nesmê. Gewrîyê di sala 1940'î da li Binxetê, Hana di sala 1942'an da li Binxetê û Nesmê di sala 1947'an da li Binxetê li gûndê Girikê Şamo çêbûn. Di sala 1947'an da mala Circîs ji Binxetê hatin û li Kinikê li gûndê xwe bi cih bûn. Pîreka Circîs Sara li Kinikê emrê xwedê kir, li qubletê Dêr Seydê li goristanê xwe veşartin. Piştî ku Sara emrê xwedê kir, Circîs rabû di sala 1949'an da bi Ferîda Midyadî ra zewicî.

Zilma misilmanîyê li ser malbata Circîs zêde çêbû. Man bê çare, rabûn ji mecbûrî terka gûndê xwe dan û di sala 1950'î da hatin gûndê Qulika nav êzîdîyan.

Zarokên Circîs û Ferîda 2 kûr û 3 keç hene; Yê mezin Selîba di sala 1950'î da li Bawerdê çêbû û hersêkên din; Meco, Nûra, Hezîz û Şimûnî jî li Qulika çêbûn.

Di sala 1978'an da mala Circîs bar kirin û çûn nav filehên Gûndikê Dêrê nêzîkî Girêmîra. Di sala 1986'an da Circîs emrê xwedê kir. Di sala 1987'an da malbata Circîs hatin Almanya.

Di sala 1996'an da Zêro li Almanya emrê xwedê kir.

Serpêhatîya malbata Circîs jî bi vî awayî bû. Ew jî wek me Bahnimîya bi darê zorê ji gûndê xwe hatin derêxistin û ketin ber şek û peka.

Navên Newesyian / Krankheiten in der Region

Di dema me da nexweşîn zêde bûn û doxtor jî kêm bûn. Heta

yek karê bêjê ku qet nebûn.Toxtorên ku hebûn jî hemi kesên herêmê bûn, ku a bi karê doxtorîyê va rabûn. Ew ne kesên xwende bûn, lê li gor derfet û îmkanên xwe fêrî doxtorîya kurmancî bûbûn û alîkarî didan milet. Milet jî ji neçarî mecbûr dima ku vê doxtorîyê qebûl bikê, li gel ku gelik riskê nexweşîyên mezin jî hebû.

Di wê demê da wextê zarok a bi kuxikê ketin a rabûn şîrê kera reş dan wan ta ku rihet bibin. Belê şîrê kera reş wek derman a dan me zarokan.

Li herêma me kesên navdar, ku bi kar û barê doxtorîyê va mijûl dibûn, ev bûn / Naturheiler in unserer Region

Mihoyê Xanikî ê Bahnimî,
Sitîya pîreka Hesenê Mala Çoxê (meine Pirik/Oma)
Osmanê Xêlit ê Kevnasî,
Mejdînê Mirêd ê dasikî û Ahmedê Qeyso ê Bacinî.

Osmanê Xêlît doxtorîya cebirandinê dikir, ango ew deverên şikestî dicebirandin.
Majdînê Mirêd jî bi doxtorîya ji bo dermankirina pizikên şewatê va mijîl dibû.

Mihoyê Xanikî, Sitî û Ahmedê Qeyso jî doxtorên bûsêrîyê (bawesêrîyê) bûn. Hêjayî gotinêya, ku Sitîyê ji xeynî doxtorîya bûsêrîyê a doxtorîya jinan jî kir. Jinên ku zarok ji wan ra çênabûn a çûn çem Sitîyê. Di sala 1943'an da li cem me xela çêbû (birçîbûn). Kulih û reqik hatin welatê me û girtin hemi şînahî, zad û çandinîyên me û xwarin. Wê salê milet gelkî şepirze bû. Heraban kulih xwarin, dikirin nav xurmeyan û dixwarin, ji ber wê yekê tiştik zêde bi wan nehat, lê me kurda ev yek nekir û me nexwest kulihan bixwin. Di wê xelayê da gelik kurd mirin. Pizikên ku çêdibûn xûrî, sorik û mîrkûtok bûn. Ji ber tinebûna doxtoran û dermanan her sal gelik mezin û zarok dimirin. Heta salên 1950 – 1955'an jî ev nexweşînên ha her hebûn û pişta milet şikênandibûn.

Navên qismên dara / Namen aller Bäume in der Region Nusaybin, Midyat, Batman..

Navên qismên/cûreyên daran, ku ten naskirin xwazim ji we ra bêjim. Ew jî evin:

Dara berûwê, (Esseichel)
dara mazî,
dara gêvîjê, (Zwergapfel)
dara belalûkê,
dara banavê,
dara benikê,
dara gwêzê (guwêzê), (Wallnuss)
dara zeytûnê, (Olive)
dara gorganê,
dara gûrşîlavê,
dara sêvê, (Apfel)
dara pirteqana, (Orange)
dara mandalîya, (Mandarine)
dara hirmêya, (Birne)
dara dûvsorkê,
dara hinarê, (Granatapfel)
dara hûngadûnyayê (li şiqê tirkan heye), (Yeni Dünya)
dara mêwa, (Rebstock)
dara qezikê,
dara şînokê, (Blaubeere)
dara gêzê,

dara tihûwa, dara xûrma, (Datteln)
dara çam, (Fichte/Kiefer)
dara gûlê, dara biyîkê,
dara spîndar,
dara şambelûta, (Maronen)
dara fistiqa, (Haselnuss)
dara bihê,
dara guwêza hindê, (Nuss)
dara ajika,
dara bêxêr,
dara xernûfê,
dara tiwê,
dara xoxê, (Pfirsich)
dara mişmişê, (Aprikose)
dara erika, (Pflaume)
dara mûza. (Banane)

Dara Peyiw/ Mandelbaum

Navên qismên geyê /Alle Pflanzen und Kräuter in der Region Nusaybin, Midyat, Batman..

Geyareş, geyazengil, geyagenîmok, zûrik, cedasî, nefel, hendîkof, sîrdim, sîr, pîvaz (pîzav), hêlkê şifqet, şinêrek, kereng, geyaberaz, serteşîk, heliz, cîrîk, qolek, tirşo, gizêr, nêrgiz, sosin,beybûn, gûhbelk, gûloperxk, hîro, rihnêrî, gûwêriz, kelbeş, gergesk, tevir, geha şekir (şekerpincar), gûla berbiroj, tolik, şabilxan, bacanê sor, bacanê reş, îsot, reşal, banik, tûzik, bexdûnis, spinaq, parasa, berbûrk, helalk, çeqçeqonk, baqilk, dolmik, kundir, fasûlî, sibit, silk, gêzer, patata, zalata (xas, kelem), tirozî, xeyar, hincûr, patêx, cebeş (şimtî), rihan.

Einige dieser Kräuter und Pflanzen die ich übersetzen ins Deutsche kann sind: Klee, Brunnenkresse, Knoblauch, Zwiebel, Krokus, Sauerampfer, Kamile, Narzisse, Tomate, Zuckerrübe, Wassermelone, Honigmelone, Basilikum, Bohnen, Kiechererbsen, Zuchini, Karotte, Gurken, Rettich, Salat, Spinat, Spargel, Pfeffer, Paprika, Auberginen, Trauben, Kürbis, Pfefferminze, Petersilie, Kohl, Dill, Thymian, Bärlauch, Schnittlauch, Sellerie, Ahornstab.....

Zwischen Nusaybin und Midyat, Blick auf Khanik, Türkei

Die Geschichte vom Stammesführer der Kelikan Sahap Pol Pasha

In der Zeit des Emir von Botan (Mire Botan) wurden die Eziden wie eigentlich immer in Ihrer Geschichte unterdruckt und verfolgt. Der Emir von Botan befahl seinen Krieger eines Tages die Auslöschung der Eziden um ihren Stammesanführer Sahap Pol Pasha. Der Emir wollte sein Machteinfluss vergrößern und organiserte sehr viele kurdische und muslimische Kämpfer um gegen die Eziden und Sahap Pol Pasha vorzugehen. Dieser führte den Stamm der Kelikan und war mit seinem Volk in Bahnim, einem Höhlenweiher zwischen Midyat und Nusaybin in dem Bereich Tur Abdin. Die Entsstehung der heutigen Mihoki ist auch eng verbunden mit der Geschichte des Stammesführer Sahap Pol Pasha.

Der Emir von Botan ließ in der Nähe der Eziden seine Zelte errichten und verweilte dort eine lange Zeit. Zahlenmäßig und millitärisch waren die Eziden der Armee des Emir natürlich unterlegen und befürchteten somit schlimmes. Wie in frühren Schlachten durch den Emir war die Sorge sehr groß, dass Zwangskonvertierungen zum Islam stattfinden würden, wie bereits bei anderen Stämmen durchgeführt wurde. Deshalb versuchten die Eziden ein Präventivschlag vorzubereiten um die Krieger des Emirs nicht zum Opfer zu fallen. Der Stammesanführer selbst nahm das Problem in die Hand und erläuterte vor seiner Gefolgschaft seine Lösung. Sein Plan, den er alleine durchzog sah so aus: Eines Nachts schlich Sahap Pol Pasha sich an das Zelt des Emirs, unbemerkt von den Wachen konnte er sich Zugang zum schlafenden Emir verschaffen. Er sah, dass der Emir schlief. Er hätte ihn sehr leicht töten können, tat dies aber nicht sondern lag sein Tabakbeutel unter das Kissen des schalfenden Emirs und stoß sein Dolch in das Kissen und konnte unbemerkt das Lager wieder verlassen. Bei Tagesanbruch schlug die Kriegstrommel. Der Emir wachte

mit dem Gedanken auf, dass die nächsten Ortschaften eingenommen sind. Doch merkte er, dass etwas in seinem Zelt nicht stimmte. Frustriend schrie er seine Wächter an und fragte diese, ob sie nicht bemerkt hatten, dass jemand in sein Zelt eingeschlichen war. Nachdem Ruhe eingekehrt war kamen alle zu dem Entschluß, dass diese Tat nur ein ganz mutiger Mann geplant und vollzogen haben muss. Nach Rücksprachen mit seinen Beratern fragte sich der Emir wer in der Lage sein konnte sich Zugang zum Zelt zu verschaffen und warum dieser ihn nicht tötete. Ein Berater des Emirs kannte bereits den Stammesfürsten Sahap Pol Pasha und seiner Meinung nach konnte nur er es gewesen sein der diese riskanten Aktionen heil und unversehert durchzgeführt hatte. Der Berater entsandte einen Boten zum Stammesführer mit der Bitte den Emir aufzusuchen. Nur unter der Bedingung, dass man ihm und sein Volk freies Geleit garantierte folgte er der Einladung des Emir. Dort mit dem Neffen angekommen, fragte der Emir natürlich sofort, warum er ihn im Schlaf nicht getötet habe?
Um einen Überfall der muslimischen Kämpfer auf die Eziden zu verhindern, entschied sich Sahap Pol Pasha den Emir nicht zu töten. Nun liege das Schicksal in der Hand des Emir zu entscheiden, ob er entweder in den Krieg zieht oder als Partner im Kampf gegen die Osmanen zusammen kämpft. Da entschied der Emir und sprach das er solch ein Helden wie Sahap brauche und betonte, dass sie ab nun Brüder seien. Sie würden gemeinsam gegen Alle vorgehen, die die Osmanen unterstützen. Wie konnte man den Vorstoß der Osmanen nun stoppen fragte der Emir den Stammesfürsten. Er sagt unweit von hier gibt es Festung. Der Herrscher ist ein grausamer Krieger. Wenn man die Festung einnimmt und ihn tötet, dann hätte man eine sehr gute Möglichkeit von dort alle Angriffe abzuwehren. Der Emir schickte draufhin Krieger in die Festung um den Herrscher zu besiegen. Dieser wehrte aber den Angriff ab und tötete ein Dutzend Krieger des Emirs. Der Emir fragte, ob Sahap etwas gegen diesen Herrscher

unternehmen konnte. Sahap erwiderte und sagte, ja, der böse Mann ist mein Neffe. Überrascht fragte der Emir warum er vorher nichts gesagt habe. Der Stammesführer stellte mit der Aktion den Mut seines Neffen auf Probe und konnte nun sicher sein, dass er einen geeigneten Führer gefunden hat nach seiner Zeit. Er ist wahrhaftig auch ein Held gewesen. Sein Name war Miho. Dieser Miho gegründete ein Dorf, das seine Stammesangehörige dann bewohnten: Die Mihokis!

Symbolfigur, Sahap Pol Pash

Der Jagdhund und der Hase

Es war einmal ein Jagdhund, der konnte nachts nicht schlafen. Es ärgerte ihn, dass er es am Tage nicht geschafft hatte, für seinen Besitzer einen Hasen zu fangen.

Früh am nächsten Morgen machte er sich allein auf die Suche nach dem Hasen. Er suchte eine Weile bis er den Hasen fand und ihn verfolgte.
Nachdem er ihn gefangen hatte, fragte er ihn: „Kannst du mir erklären, warum ich dich heute gefangen habe, gestern aber nicht?“
Der Hase lachte und sagte: „Ja, natürlich kann ich dir sagen, warum du mich gestern nicht fangen konntest. Gestern hast du für deinen Besitzer und für andere mich jagen wollen. Heute aber machst du es für dich, deswegen hast du mich gefangen.“

Mündlich überlieferte Traditionen der Eziden, Sefer Omar

Derwese Evdi / Derwesh der Sohn des Evdi

Ein wahrer, mutiger und unschlagbarer ezidischer Held war im 18. Jahrhundert Derwese Evdi. In dem Dorf Oglakci, nahe der türkischen Stadt Viransehir ist er geboren. Dort hatte er mit seiner Familie und besonders mit seinem Vater einen sehr mächtigen Einfluss auf das gesellschaftliche und politische Geschehen dort. Beide waren die berühmten Anführer ihres Stammes der Eziden. Im Osmanischen Reich hatten sie damals eine art Autonomie und wurden weitgehend geschätzt und in Ruhe gelassen. Ein Dorn im Auge waren sie aber schon für die Türken und Araber, sodass immer wieder Kämpfe zwischen den Partein entflammte. Derwes war aber nahezu unbesiegbar und alle Schlachten und Kriege konnte er mit seinem Heer als Sieger bestreiten. Seine Geschichte ist sehr lang, so lang das auch bis heute Künstler und Musiker tagelang sein Leben und heldenhaftes Handeln als Gesang beschreiben und besingen. Im Fokus ist seine Liebe zu Adule. Adule selbst war keine Ezidin und somit nahm das Unheil seinen Lauf.

Da Eziden es verboten ist mit andersgläubigen zu heiraten war ihr Schicksal somit schon besiegelt und sie kamen nie wirklich zusammen. Unterscheidliche Versionen gab es von seinem Tod, manche sagten sein Pferd wäre mit den Hufen in ein Maulwurfloch gefallen, den Fuß gebrochen und somit fiel Derwes vom Pferd und erlag seinen Verletzungen. Andere Theorien, dass der Grund für sein Tod war konnten auch nie aus der Welt geräumt werden. Das Grabmal von Derwes und seinem Cousin Sahdo liegt in dem Ort Edsane, einem arabisch geprägten Dorf bei Viransehir (Türkei). Leider verfällt die Grabstätte mit der Zeit und Versuche die Grabanlage zu restaurien scheiterten an der Politik.

Seine Geschichte ist somit ewig verbunden mit der Geschichte der Eziden aber auch Kurden, der Sehnsucht nach Heimat und des mutigen ezidischen Krieger aber auch mit der Liebe.

Derwese Evdi, der Ezidische Krieger

Klatschmohn, in der neuen und alten Heimat immer bewundert

Dankeschön

In der 2. Auflage meines Buches möchte ich es mir nicht nehmen lassen, und ein Dankeschön an die Menschen richten, die es mir ermöglicht haben, dass ich überhaupt in der privilegierten Lage bin, dieses Buch zu schreiben. Dies sind in erster Linie meine Mutter und mein Vater, aber auch meine Geschwister und Schwäger/innen, die auf mich als kleiner Bub aufgepasst und wahrscheinlich ihren Teil dazu beigetragen haben, dass ich heute die Person bin, die ich bin. Natürlich danke ich all den Mitwirkenden, die mich und mein Buch mit viel Wissen bereichert haben. Ich möchte niemanden vergessen, so werde ich, auch wenn es sich wie eine Floskel liest, allen Menschen danken, die an mich glauben und mich unterstützen, um genau all diese Dinge mit Leidenschaft tun zu können, die ich euch in meinem Buch beschrieben habe.

Gewidmet ist diese Auflage meinen Söhnen Firat und Davin. Ihr seid meine Liebe und mein Stolz. Ihr seid eine neue Generation an Eziden, die Hoffnung in sich tragen und diese auch leben sollen.

Ein unschlagbares Trio

Wallau Lahn, in den Kornfeldern

Quellenverweis

- www.yeziden.de, www.wikipedia.de
- www.ezipedia.de
- www.ezidak.de
- www.taw.de
- Ilhan Kizilhan: Die Yeziden, Eine anthropologische Studie
- Chaukkadin Issa: Die Yeziden, Oldenburg
- Safik Tagay, Serhat Ortac: Die Eziden und das Ezidentum. Geschichte und Gegenwart einer vom Untergang bedrohten Religion, 2017
- Halil Savucu: Eine Religionsgemeinschaft zwischen Tradition, Integration und Assimilation